JN016428

イラストBOOK
たのしい保育

発達を支える「遊び」づくり

宮田まり子・野澤祥子／著

ぎょうせい

はじめに

以前になりますが、私は、ある都市部の保育・幼児教育施設で子どもたちと遊んだとき、とても衝撃を受けたことがありました。私はまだ学生で今以上に何も知らず、とにかく保育の場に参加させていただき、いろいろな学びを体験的に得ていた頃でした。

その施設は通常の保育所や幼稚園とは異なり、登録した子どもたちが通う施設で、家族の転勤等の事情もあり、短期的利用者も多くいらした施設でした。その施設での幼児(三・四・五歳児)異年齢保育に参加させていただいていた一〇月のある日のこと、子どもたちと昼食を終え、施設の屋上で遊ぶことになりました。一人の子が「鬼ごっこをしよう」と言いました。その声を聞き、「やりたい」とその場にいたほとんどの子どもたちが集まってきました。楽しそうに顔を見合っています。しかし、以後何も始まりません。私が「鬼を決めようか」と言うと、子どもたちは「決めよう」と言います。しかし、それからまた何も始まりません。私は、鬼ごっこの仕方を一つ一つ説明して遊びを進めていくことにしました。何度も説明と実行を繰り返し、ようやくルールが共有されて遊びが続き始めたところ、降園の時間となり終わりました。

私は、年度の後半のこの時期に、五歳児の子どもたちと鬼ごっこができなかったことに驚きました。その日の保育後、担任にこのときの出来事を伝えると、この施設の子どもたちは高層階に住む子どもも多く、集団での遊びの経験が少なく、よってこの施設での仲間との遊びは貴重な経験の場になっているということでした。無知な私は、そのとき初めて、人は誰でも自然と遊べるようになるわけではないということを知りました。また同時に、遊びが成立しなかったことを単にこの子どもの課題と捉えるべきではないと思いました。遊びに表れる子どもの発達を、その子だけを見て評価するのではなく、より広い視野で捉えていく必要があるのではないかと思うようになりました。

私はこのような出来事に始まり、様々な方や文献との出会いを経て、今はその子だけを見てその子や遊びを評価するのではなく、関係する環境の中でその子の今を捉えるように心がけています。本書は『発達を支える「遊び」づくり』と題していますが、子どもに対し、何歳のときにどういう物や刺激を与えるとよいといったことは述べていません。子どもの発達は、関係の中で起こっているからです。本書では、発達を支える遊びを考えるために、子どもが出会い、つながって遊びをつくり出していく過程を見直しています。

最後になりますが、この本の出版にあたり、いつもあたたかく励まし支えてくださいましたぎょうせい出版事業部の皆さまに心より感謝申し上げます。私は、経験も浅く、何もかも戸惑っていましたが、皆さまのおかげで何とかこのように対話の機会としての本書を作ることができました。本書を通して、さらに多くの方々と様々に、園での遊びについて語り合えることを願っています。

執筆者を代表して

宮田まり子

もくじ

STEP 3

「遊び」づくりで大切にしたいこと

STEP 1

「遊び」とは

1 園での「遊び」とは

白梅学園大学　宮田まり子

「遊び」とは何かについて、その定義は様々ですが、大きくは二つに分かれるのではないかと思います。一つは活動の型やパターンから定義するものであり、もう一つは行為する者の心の状態に対して「遊んでいる」と定義するものです。前者は外側（視覚で捉えられる物や事）に着目するのに対して、後者は内側（視覚で捉えられないもの）にも着目するものになります。

本書は「遊び」をテーマに日々の保育を考えていくことを目的にしていますので、ここでは、園の保育の中で遊びを捉えるための遊び観という点で、本書としての定義を行ってみたいと思います。

幼稚園を創始したフリードリッヒ・フレーベルは、遊びを「denn es ist freitätige Darstellung des Innern, die Darstellung des Innern aus Notwendingkeit und Bedürfnis des Innern selbst, was auch das Wort Spiel selbst sagt.（それは内なる自己の自由な表現であり、内なる自己自身の必要性と要求から内なる自己を表現するものである。Spiel《＝遊び》という言葉が示しているように）」[1]と述べています。フレーベルはこのように、遊びを「遊び手の内面に起こる動的な現象」として捉え、いわゆる人の発達において不可欠なものとして、遊びを幼児教育の中に位置付けました。
山田敏（一九九四）も遊びを内側から捉えており、その上で子どもの遊びは、遊びになったりならなかったりするものであるとも述べています。[2]
我が国における園での遊びはどうでしょうか。まず、園での保育は環境を通して行われるということが、保育所保育指針や幼稚園教育要領及び幼保連携型認定こども園教育・保育要領に明記されています。
保育者は、指針や要領、園の理念や方針、様々な計画を基にその環境を設定していきます。そしてそこで子どもたちは様々に環境に気づき、出会っていきます。その姿を保育者は見

環境を通して行われる保育

保育所保育指針

第１章　総則　／　１　保育所保育に関する原則(1)

イ　保育所は、その目的を達成するために、保育に関する専門性を有する職員が、家庭との緊密な連携の下に、子どもの状況や発達過程を踏まえ、保育所における環境を通して、養護及び教育を一体的に行うことを特性としている。

幼稚園教育要領

第１章　総則　／　第１ 幼稚園教育の基本

幼児期の教育は、生涯にわたる人格形成の基礎を培う重要なものであり、幼稚園教育は、学校教育法に規定する目的及び目標を達成するため、幼児期の特性を踏まえ、環境を通して行うものであることを基本とする。

（指針、要領とも、平成29年告示の内容）

取り、その姿を基に、環境を再設定していきます。このやり取りの中で、子どもと保育者、互いの思いが積み重ねられることで園における遊びは生成されていくのだと考えられます。

その意味で、園での遊びは、園に関わるすべての人々のやり取りによって生成されていきます（図1）。つまり、出来事の積み重ねによって、「こういう遊びであった」という「ある遊びの物語」として記録されていく――それが園での遊びの姿です。当然、このような遊びを皆で経験してみようと想定し、保育の計画としていくということはありますが、やり取りの最中からその物語の結末が見えているということは、あまりないのではないかと思います。計画を持ち、見通しを持って行う保育者にとって、また、様々な活動が子どもたちの発達に結びついていて欲しいと願う保育者にとっては、つい、変容や学びと結びつけてしまう傾向があるかと思いますが、その時々に生じる新たな出来事の刺激を楽しみ、共に過ごすことを幸せに思うことを大切に、それらを積み重ねていった後に振り返ったときに、皆が「これは大事だ」と思えるような物語ができる――そこで初めて遊びとして名づけられていくのではないかと思います。

このことを、フランスの哲学者であるジャック・アンリオは、「構造が意味を見出すのではなく、意味が構造を存在させるのだ。すべての遊びは構造、すなわちさまざまの関連と規則を集成した体系である」[3]と述べています。

この遊びが生成されるという過程について、次節では園の事例を基にみていきたいと思います。

〈注〉

1　Friedrich Fröbel "Die Menschenerziehung" (Pädagogische Texte)/Klett-Cotta 1982 S.36
※Spielは遊びと訳されるが、ここではフレーベルはSpielの語源とされる「踊る」という意味を示し、内側から表現されるものであるとの主張を強めたのではないかと思われる。

2　山田敏『遊び論研究―遊びを基盤とする幼児教育方法理論形成のための基礎的研究―』風間書房、一九九四年
※山田は、遊びになるための条件として「楽しさ」「非手段性」「強制されていない」という三つを挙げている。

3　ジャック・アンリオ著、佐藤信夫訳『遊び―遊ぶ主体の現象学へ《新装復刊》』白水社、二〇〇〇年、八二頁

図1　園における遊びがつくられていくプロセス

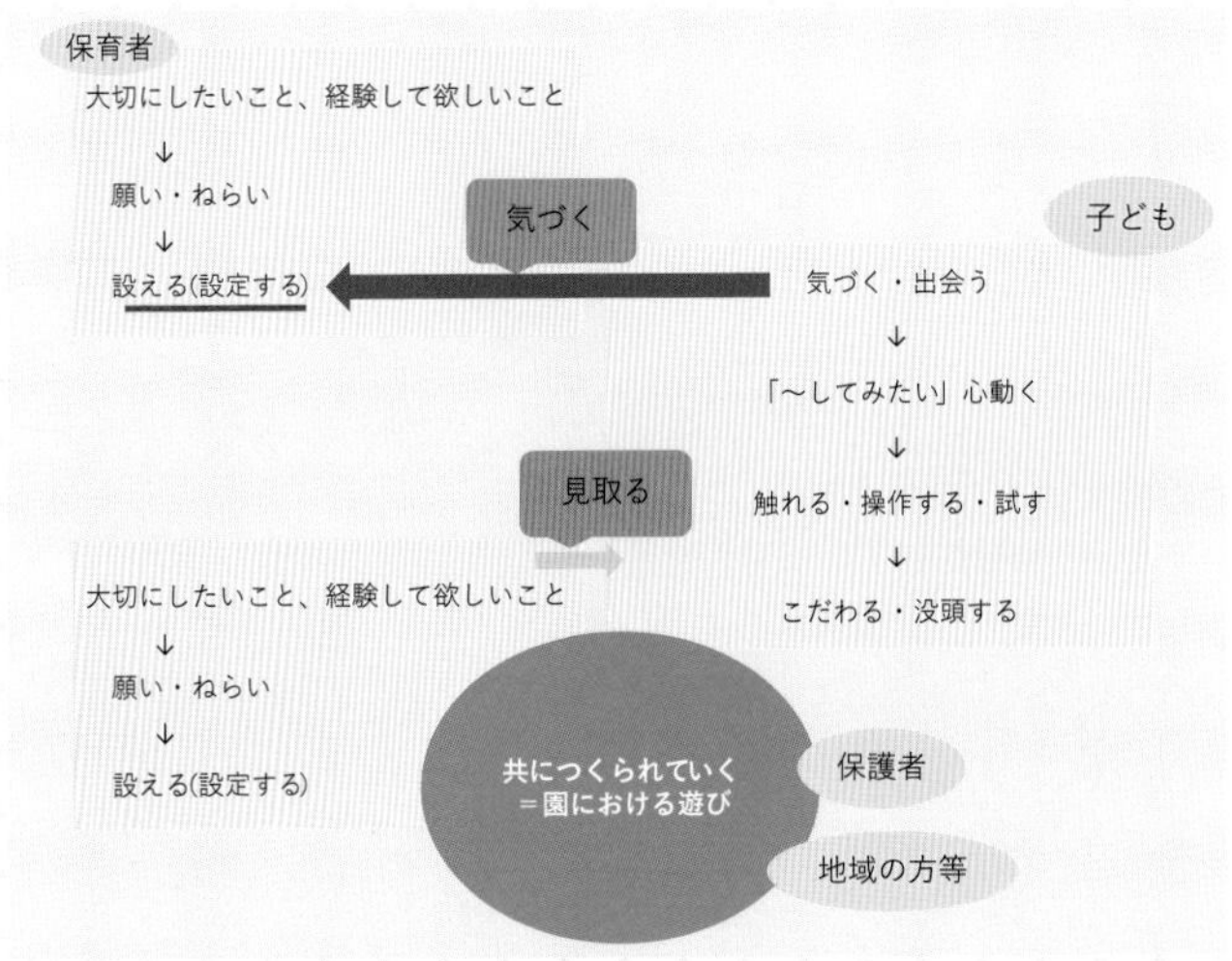

2 園内畑での活動のエピソードから

白梅学園大学　宮田まり子

ある保育所の畑の中で展開された活動から、園における子どもの遊びについて、考えてみたいと思います。

その園には、園庭の一角に畑の場所が設定されています。子どもたちによって「のびのび畑」と名づけられたその場所の管理は、保育者も支えますが、基本的には関心を持った園児を中心に展開されてきました。この園の幼児の数は約二五〇人で、生活場面では異年齢の保育が、活動場面では学年ごとの保育が行われています。この畑は、興味・関心に応じて園内のどの子も関わることができますが、活動の中心を担っているのは五歳児であるとのことです。

畑は、年度で区切ることのできない、生きた場所です。畑の土は、長い年月をかけて熟し育ちます。また畑で育つ植物は、雑草と呼ばれるものも含め、芽を出し、育ち、花を咲かせて実り、枯れていくまで長い時間を要し、時にそれが年度をまたいでいくこともあります。ゆえにこちらの園では、卒園など年度での区切りにおいて「畑の引継ぎ式」を行い、畑での年長としての役割を伝え、冬の間に植えられた玉ねぎなどの植物を、次の学年に引き継いでいくそうです。

これからご紹介する事例は、年中時に畑の引継ぎ式を終え、年長となって今年の畑の活動を考え始めたところから始まります。

●エピソード1　どんな畑にしたい？（四月）

四月、昨年度の年長からの畑の引継ぎ式を終えた年長児が集まった。どんな畑にしたいかを話し合うためである。一人の男児が「ピーマンの種持ってきた」とみんなに見せる。「お母さんがピーマン切っていて、種がたくさんあったから。そして、前の赤さん（年長グループの名前）のA君が畑に持ってきて植えとったよ」とのことである。

次の日から、それを聞いた年長児は次々と種を持って登園し始めた。そして年長児みんなでその種を植えることにした。

ピーマン・すいか・トマト・かぼちゃ・いんげん・にんじん・ラディッシュ、パプリカ・レモン・キウイフルーツ・みかん・八朔・アボカド・エンドウ等、のびのび畑には家庭から持ち込まれたいろいろな種がまかれる。芽が出るものもあれば、芽は出ていないというものもある。

各家庭から持ち込まれた種から様々な植物が育つ畑に

〔事例提供：射水おおぞら保育園（富山県）〕

この事例に見られる活動を生み、育んだものは様々考えられます。事例はこの年の子どもの姿ではありますが、それは昨年度の子どもの様子からヒントを得て始まっています。また、種は、保護者の協力なくして持ち込まれません。子どもの思いを受け止めて種を食材から取り出し、園への持ち込みの準備を手伝った保護者の援助もありました。そして、「この種をまいてみたい」という子どもの声を聴き、発想を受け止め、他児へと広げた保育者の姿勢もありました。保育者は、見通しを持ちながら植物の生長と同時に子どもたちの育ちも見取り、柔軟に新たな環境を作っています。保育者にも、昨年度に展開された年長の活動、昨年度の保育実践からの影響があったかと推察します。この実践を行った保育者は、きっと園全体の先生方に支えられていたのではないかと思います。

そうした人的環境の中で、多様な物的環境が持ち込まれ、設定されていきました。「のびのび畑」にまかれる種の種類は限定されることなく、結果、様々な植物の生長が見られています。

以下は種を植えてからのエピソードです。担任の杉浦加奈先生の記録です。

●エピソード2　**「あっ……。わからんね」**（四月下旬）

大事そうに種を掌にのせ、畑に植える子どもたち。「先生、本当になるかな？」と少し不安そうな表情を見せる子、「おいしいニンジンができますように」と友達と一緒に手を合わせ、畑にお願いする子など、様々な姿が見られた。

F男「よしっ！　次は水やり！」とペットボトルを持ってきて水やりが始まった。水やりをしようとしたとき、G子「あっ……わからん！　どこに種植えたかわからん。どうしよう？」と言う。保育者も「本当だ。わからん。わからんね」と言う。すると、近くにいたH子が「そうや！　看板作ろう！」と段ボールや木の枝を使って看板づくりが始まり、G子は「次のときは、看板も準備しとかないとね」とつぶやいた。

〔事例提供：射水おおぞら保育園（富山県）〕

やがて植物が芽吹いたときには「本当に芽が出た！」という感動を子どもたちは味わいますが、その後もさらにいろいろなことが起こったそうです。お水をあげていたらふいに枝が折れてしまい、「痛かったかな」と、植物に対する思いを抱く子どもたちの姿もあり、どうやってお水をあげるとよいのか、クラスで話し合いが行われ、これまでの経験や持っている知識を出し合い、「優しくあげる」ということが確認されたということもあったそうです。

食べられる植物や花が咲く植物の場合、それらの生長（生産）を願った介入もありますが、この畑ではそうした介入はなく、子どもが出会い探索をしていく場としてのねらいが第一にありま す。どの園でも畑のねらいは必ずこうでなければならない、こうであることが望ましい、ということでは決してあ

りません。ここで重要なことは、畑の活動に関わる人々の心に遊びの状態が見られるということです。そして、この畑の活動では、大切にしたいこと、ねらいが園全体で共有されており、子どもたちは学年を超えて、保育者は担当を超えて、それを引き継いでいっていることも重視したいと思います。

　このように園での活動や遊びは、そこに関係する様々な物や人を巻き込みながら生成されていくのではないでしょうか(図2)。

図2　畑の活動の生成に関わった事柄

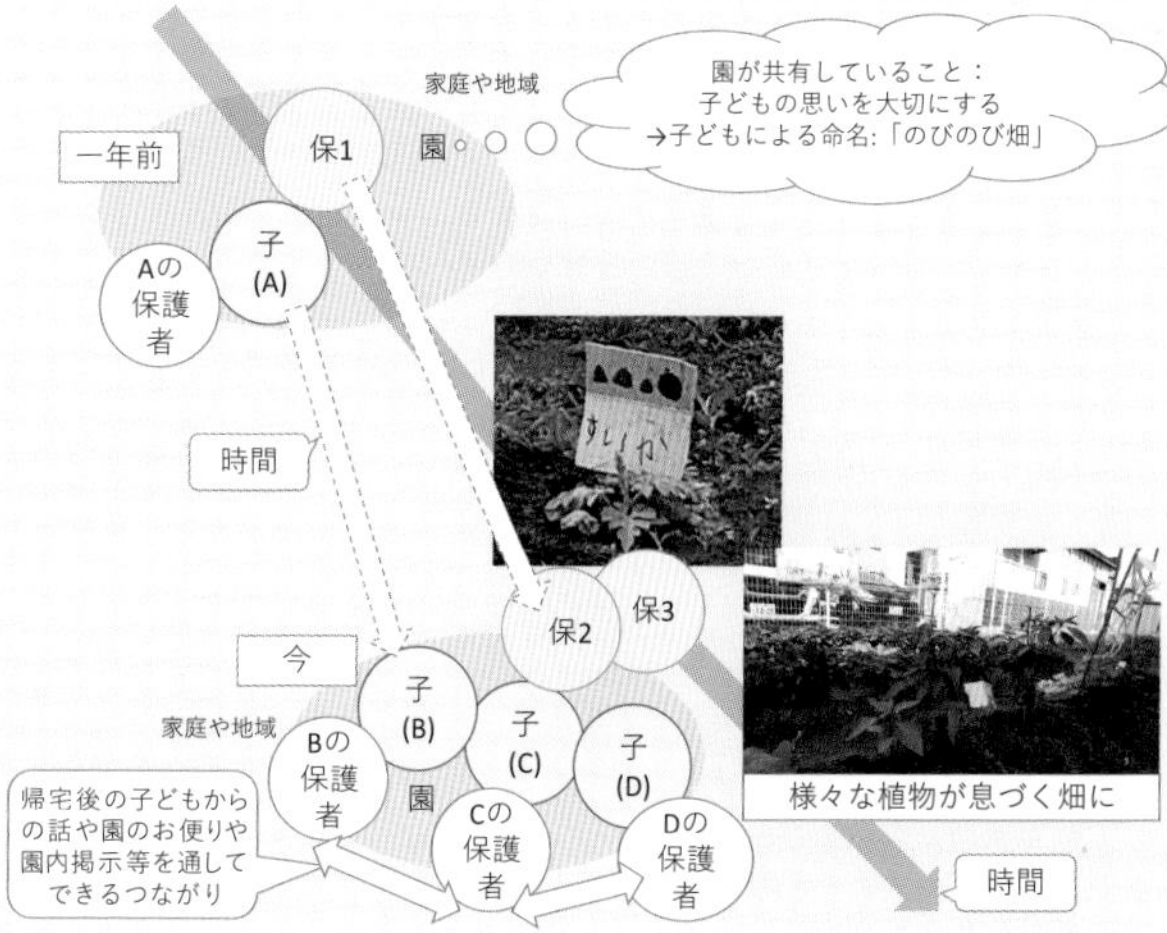

そこで本書では、こうした遊びの「生成されていく」という特性を踏まえ、その生成の過程を三つに分けてSTEPとし、それぞれのSTEPで大切だと思う点をいくつか挙げてまとめました。

本書の構成を整理して表したのが図3になります。本書ではそれぞれを区切って述べていきますが、実際にはそれらは切れることなく、すべて遊びの生成過程のどこかに関係し合うものであると考えます。

STEP1では、遊びとは

図3　遊びの生成過程と本書の構成

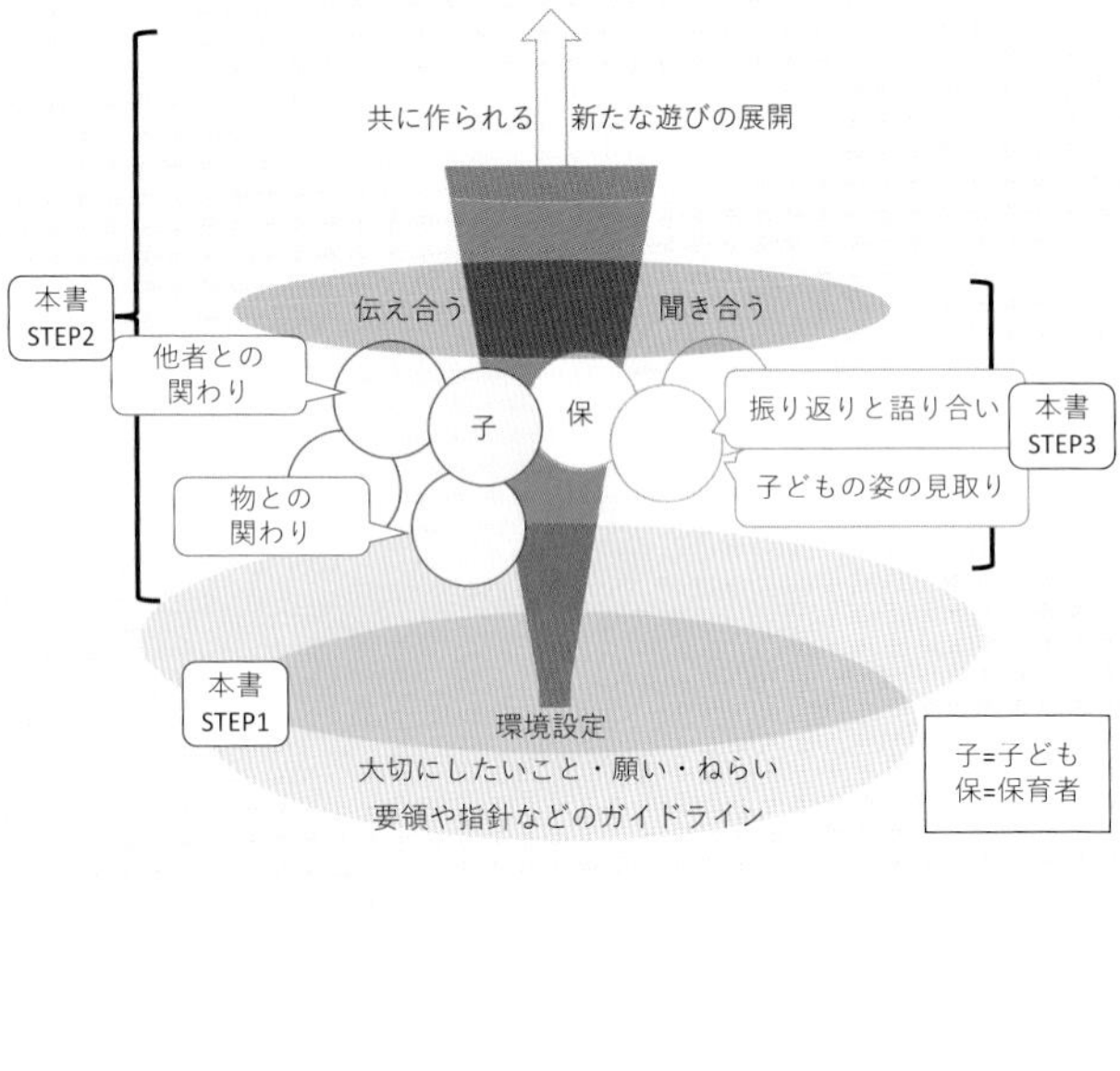

何か、遊びの展開を援助する保育者として共有しておきたい視点を述べています。

ＳＴＥＰ２では、遊びの生成に必要な環境について、「物」「人」「時間」の三つを視点にして提案しています。

ＳＴＥＰ３では、遊びをより豊かにしていくために配慮したいことを記しています。

STEP

2

「遊び」をつくる

「遊び」の三つの要素

白梅学園大学　宮田まり子

フレーベルは、いわゆる遊びの過程である、自己の内なるものと外的なものとの対峙において、「媒介するもの」が必要であるとしました。[1] フレーベルが考案したこの媒介物は広く「恩物」という名で知られています。フレーベルが制作した恩物について、荘司雅子は「フレーベルの理論に従うと、子どもの創造衝動を育む遊具は何よりもまず、それから何かが作り出せるような創造的な条件を多分に含んでいなければならない。（中略）それは決して複雑なものや完成された既製品ではなくて、あくまでも単一にして基本的な素材であり、基本的な形態であり、しかもその単一の中には多様性を含み、基本的なものの中には創造に欠くことのできない要素としての論理的・数理的な契機を包含しているものでなければならない」と言及しています。荘司は「この立場からフレーベルは遊具として複雑な既製品よりも単一な材料を与えることとし、それによって子どもが自ら形成し自ら創作するように工夫した」[2] と述べました。

このように、幼稚園創成期から、遊ぶ行為における物の重要性は述べられてきました。加えて、どのような物がよいかといったことの検討が行われてきました。

そこで、STEP2ではまず、遊びと「物」との関係や遊びを促す「物」の在り方について述べていきたいと思います。そしてその後、物との出会いと対話の先にある「人」との出会いと対話、それらの支えとして必要な「時間」について順に考えていきたいと思います。

〈注〉
1　小原國芳、荘司雅子監修『続　幼稚園教育学　母の歌と愛撫の歌』〈フレーベル全集第五巻〉玉川大学出版部、一九八一年
2　荘司雅子著『フレーベル研究』玉川大学出版部、一九八四年、二三〇頁

1 物

白梅学園大学　宮田まり子

遊びを育む物、遊び手を刺激する物とは、どのような物であり、どのように設定するのがよいのでしょうか。

私がこれまでいくつかの園で見学させていただいたり、調査や研究会などで学ばせていただいたりした事例から、子どもたちの創造性が発揮された場合の物と環境の特徴を探ってみました。その結果、保育者によって良い記憶として生き生きと語られる事例や、私が面白いと思った事例の多くは、物が何気なく置かれていたわけではなく、物の素材や設定のタイミング、置き方など、遊びの展開に関係するすべてが保育者によって検討し尽されていたように思われました。保育者がこれらを検討する際、参考にされていたのは、子どもの様子と保育者のねらいです。そのときの子どもの一人ひとりの様子と保育者の願いを基に、素材、量、タイミング、設定に工夫が見られました。

保育室の物を工夫するというと、「費用の関係で無理」とか「設定を変更するほど時間がないので難しい」など、課題や困難な点が浮かぶという方もいるかもしれません。そこで、以下では大きな改造ではなく、日々の保育の中で考えられる工夫を、ご提案したいと思います。

1 用紙

画材用紙、制作のための用紙など、多くの園で用紙は常備されています。子どもが日常の中で出会うことの多い物の一つではないかと思います。

紙にもいろいろな物があります。薄い紙、厚い紙、ざらざらしている紙、ツルツルしている紙など手触りもいろいろあります（詳しくは26頁の伊藤史子さんのColumnを参照してくださ い）。形もいろいろです。長方形、正方形、円形、長い紙（ロール紙）など様々な物があります。少し手を加えて様々な形にして設定するだけでも多様になります。丸い穴を開けたり、何かの芯を付けたりして設定しておくのも、子どもたちの想像力を掻き立てる刺激になるかもしれません。

用紙にトイレットペーパーの芯をテープで付けた物

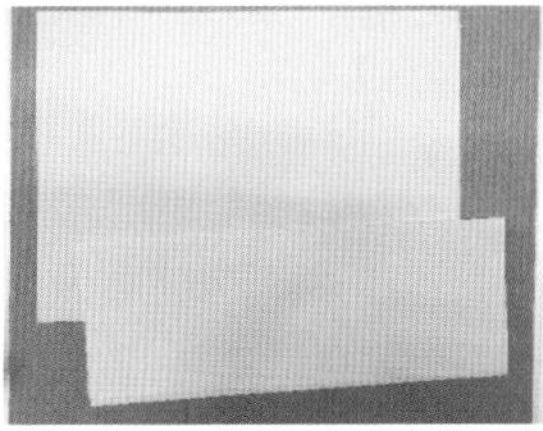

長方形の用紙を半分に切って細くした物

2 色

世界にある色は多様です。しかし、園で出会える色、特に屋内で出会える色は、その多様な色の中のごく一部に限られていることが多いように思います。

例えば、「赤色を用いたい」ということになったときです。赤にも様々な色があります。園にあるからということで、いつも同じ赤い絵の具や赤い素材を用いるのではなく、ねらいや子どもの様子を踏まえ、「どんな赤がよいだろう？」と検討してみる——こんなところからこだわってみると、また少し保育が変わっていくのではないでしょうか。

下の写真をご覧ください。水の色はすべて赤色ですが、こうして並べると、いろいろな赤があることが改めてわかります。

作り方も様々です。一番左側はお花紙をちぎって水で

いろいろな赤との出会い

溶かした色水。その隣は赤い色の葉っぱと実をすり鉢でつぶしてできた赤。その隣は食紅の粉を溶かした赤。そして一番右は水性ペンの色を水で溶かして作った赤。左から二つ目の赤（赤い色の葉・実をつぶしてできた赤）は時間が経って少し茶色に近くなってきました。自然物から出した色なので酸化したのだと思います。

自然物から作ったものは、色の変化で時間の経過に気づくということもあるかもしれません。

3 数（個数）

子どもにとって園生活は、家庭と異なる最初の公の場であることも多く、たくさんの人たちとの生活の仕方を知る最初の機会でもあります。そうした中で、数（個数）への気づきの出会いも多く発生します。

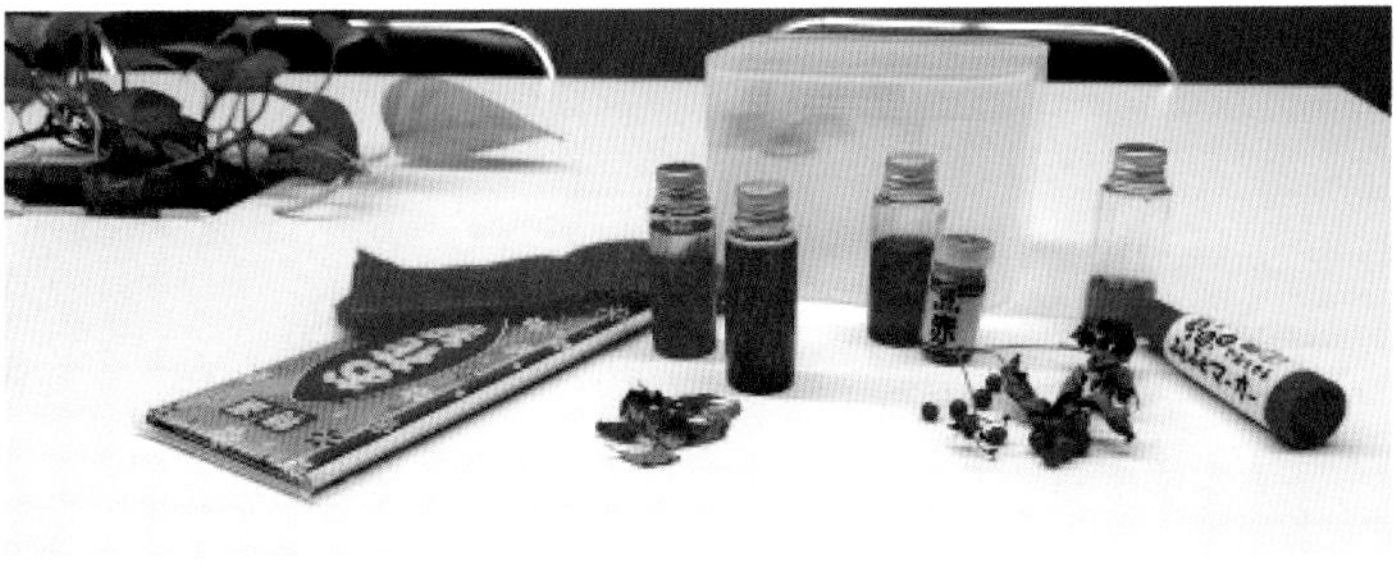

遊びのねらいや子どもの姿を基に色を追求してみる

物の数（個数）は、周囲との「やり取り」と関係があります。

例えば、数が限られていると、自分が扱える物がなくなったときに、辺りを見回して何かを探し始めたり、他者が持っている物を見たり、時にはそれが欲しくなり、いろいろと思いを伝えるということもあるかもしれません。また数が多くあると、その物の数の分だけ場が広がっていくので、「何か」や「誰か」とつながっていくということもあるかもしれません。

その時々に、適している量があります。最適な量がどれくらいかということは、簡単に導き出せるものではないとは思いますが、物の量が遊びにどのように影響するのかということについては、子どもが遊ぶ姿を見ながら検討を重ねていくことで見つけることができるのではないかと思います。

例えば、じっくりと物に向き合う時間が大切なときや、みんなと同じということが嬉しくてそこに喜びと自信を得ていくようなときは、子どもたちがそうした思いを十分に感じられる分の個数があることは大切です。また、いろいろなことを想像し、伝え合って楽しむようなときも、個数が多いと各々の思いを実現することができ、それがつながって大きく展開するということも期待することができます。思いを言葉で伝えて展開することはなくても、互いの遊びの様子を見合うこともあり、互いの違いに気づいたり、一緒に誘い合って過ごしたりするようなときは、それほど多くない量の設定でもよいのかもしれません。

先に述べたように、数に制約がある場合はやり取りの発生が期待できます。ただし、このときのやり取りは、子どもたちがその物を十分に操作したり試したりすることを経た後に始まることが望ましいので、まずはその物を操作して様々に試し終えることが可能な量、終了が見通せるような量を設定する必要があります。

4 設 定

物の設定は、「選ぶ」という行為と関係があります。

人の「選ぶ」「選択する」という行為については、これまでも様々な研究者によって検討がなされています。

「選ぶ」という行為は意志が関係します。意志が明確ではない場合は、選ぶというよりも何となく手にするという感じでしょうか。そのように何となく手にした物、あるいは誰かに勧められて手にした物から、見立てや遊びが始まるということもあるかと思います。また、はじめは明確な意志はなかったものの、見てどれがいいかを選ぶうちに、少しずつ意志が生まれた、遊びたいことが見つかったということもあるかと思います。遊びに目的が生まれると、選ぶ行為も増えていきます。なぜそれを選ぶのか、あるいはどのように選ぶのかといった中に、試行錯誤は発生します。ゆえに、様々に試し気づくことを可能にする、選ぶ物やことが多様にある環境の設定が重要になってきます。

こうした「物」の環境設定に関して、伊藤史子さんの工夫を次のColumnでご紹介します。伊藤さんはデザイナー・アトリエリスタ・美術教諭であり、保育・教育の現場で子どもの表現に携わっています。アートをご専門とされる伊藤さんが、子どもたちとの活動において大切にされている「素材」に対する視点をご紹介くださっています。

Column

子どもと素材、その背景を考える——子どもと素材との出会い

デザイナー・アトリエリスタ　伊藤史子

■素材（materials）とは？

保育の中で「もの」や「素材」というと、活動や工作の「道具」や「材料」というイメージを持たれるのではないでしょうか。紙、ビニール、空き箱、カラーテープなど、切ったり加工できたりする安価なもの、どんぐりや葉っぱなど身近で扱いやすいものが、保育現場にふさわしい素材のような気がしたりします。

私にとって素材とは、子どもたちが日常で〈出会う〉対象です。出会って探求（対話）していくことができる〈もの・こと・ひと〉全般です。自然物や紙はもちろん、落ち葉や絵の具に見られる色なども素材ですし、風や光のような現象、怒りや悲しみ、恐怖のような感

情も素材と言えます。

面白いもの・つまらないもの、綺麗なもの・汚いもの、誰もが知っているもの・新しいもの、大人の常識や定義づけを一度まっさらにして、子どもたちと素材を出会わせてみましょう。何が魅力的でどういう感じがするのか、どのようにそのものと関わり、何を発見するのか、子どもたちの視点や工夫を追ってみてください。

また、子どもに出会わせる素材は、必ずしも扱いやすい必要はないかもしれません。年齢にふさわしい素材の概念も見直してみてください。切りやすい紙・切りにくい紙、壊れにくいもの・壊れやすいもの、どちらとの出会いも、子どもたちの心を動かし、感動や美しさをもたらしてくれます。ただ、保育室の中で素材やその環境を整えるときには、出会い方や出会いの順番を保育者が考慮する必要があります。

■紙と日本人の生活

日本人は昔から、紙という素材を生活のあらゆるところで役立ててきました。書物、紙幣、建築、照明、洋服などの生活用品から、折り紙や花火のような娯楽用品、祭りの提灯、美術作品のような鑑賞品、音を楽しんだり、水に浮かせて流したり、古くからの伝統行事にも多く使用してきました。紙は様々な形で、私たちの暮らしの中に溶け込んでいます。

きっと昔の日本人は紙と丁寧に向き合い、その性質を研究し、生活に役立てる工夫をしてきたのでしょう。そんな多くの可能性を秘めた紙という素材を、今使われている遊びや学びの材料としての範囲だけで子どもたちに与えることはもったいないと私は考えます。

紙は木からできていて、その資源はやがて尽きるかもしれません。それでもなお大量の紙が世界中で廃棄され続けている現状があります。これらの問題に向き合うためということで、保育現場では、「もったいないから大切に少しずつ使おうね」と恐る恐る消費するだけでいいのでしょうか。使う＝消費するではなく、貴重な資源であるからこそ、その紙と子どもという探求者の大

切な〈出会い〉のときと考えてみてはどうでしょうか。探求の研究者ということになれば、紙に存分に触れる必要があります。子どもたちが五感で触れて実験・探求し、紙の美しさが秘めている可能性から新しい紙の未来を考える——子どもたちはそんなイノベーティブな力を持っていると私は考えます。彼らは貴重な地球の資源である紙という素材の未来を握っているのです。

■自然物と人工物

私たちが生きている世界には、自然物だけでなく人工物がたくさんあります。今はプラスチックが自然環境に及ぼす影響もわかってきて、私たちは、地球の資源や未来について見直し始めるようになってきました。そんな中で、保育環境にはどのような素材を用意するべきでしょうか。

日常生活で出会うものを考えてみたときに、公園や道には何がありますか？——木々や花、土などの自然物、アスファルト、遊具、電柱などの人工物。家の中には何がありますか？——木製の机、陶器の皿、ガラスの花瓶、ペットボトル、アクリルの小物入れ、プラスチックのフードトレー、そこにのっていた果物など。生活の中には様々な性質を持った素材との出会いがあります。

私は、保育室を子どものための特別な非日常の場所にする必要はないと考えています。逆に、日常で出会うもの、一つひとつのものとより丁寧に向き合い、思考できる場所になってほしいと素材や環境をあつらえます。人工物は人間の知恵が詰まって発明された「賢い素材」です。自然物の構造からヒントを得て作られたものも多くあります。自然物と人工物を比べることで見えてくるものもあります。人間が築いてきた歴史一つひとつの「良い・悪い」を大人がジャッジして子どもに与えるのではなく、身の回りの世界にあるものを、子どもたちが自分自身でよく探求し、学び取ってもらえる環境設定をつくることが教育であると考えています。

■自然が持つ魅力

子どもたちは公園や園庭で自然物を発見するのが大好きです。何かを見つけるたびに、「見て～!!」と紹介してくれます。大人にとっては珍しくないように見えるような石ころ、葉っぱ、たんぽぽ、木の枝、虫などを、大発見のように伝えてくれます。ついつい「すごいね～!!」と子どもの笑顔に応えて、その「出会い」や「発見」の本質を見過ごしてしまっていませんか？　自然物の面白いところは、一つとして同じものが無いところです。それは季節によっても変化します。そして、地域性を色濃く反映しています。子どもたちの出会いを、解像度を上げて見つめてください。同じ色、同じ形、同じ模様の葉っぱは一つとしてありません。子どもたちの声を聴いてよく観察すると、それぞれの自然物が持っている詩的な魅力に気づくこともあります。

私は自然物を子どもたちと集めて、園に持ち帰って遊びの素材に使います。素材は美しさが際立つように、あるときは白い紙の上に一枚ずつ並べて形や色を際立たせたり、あるときはカゴの中に枝や木の実のような自然の仲間とともに置いておいたりします。そのときも、ただのどこにでもある「葉っぱ」として扱うのではなく、どんな日に誰がどこで〈出会った〉ものなのか、ドキュメンテーションや写真を素材のそばに掲示して、誰もがその出会いの背景や物語を感じられるようにしておきます。

そして、子どもたちが改めて素材と丁寧に出会えるように、私自身がまず素材の声をよく聴きます。自分なりの感じ方や、面白いところ、美しいところを発見しておくことが大切だと思っています。そのうえで、子どもたちと色の美しさを出会わせようと絵の具を用意したり、形や模様の面白さと改めて出会ってもらおうと、あえて色や質感を感じさせない黒いペンとコピー用紙を用意したり、〈出会い〉の環境設定をデザインします。音を感じさせたい場合には、様々な異素材と比べられるようにしてもいいかもしれませんし、紅葉の美しい色をパウチして保存するのではなく、日々褪せていく色の変化に美しさを見出し、子どもたちと観察するのもよいかもしれません。

■リサイクルマテリアル (recycled materials) と未来

家庭で使われなくなった素材も、工場などで余ってしまった素材にも、両方に使える言葉です。「リサイクル」は、再利用され

た素材という意味ですが、それは一回だけでなく、何度も(re)循環させる(cycling)素材(materials)とも解釈できるような気がします。廃棄された素材、いらなくなった素材ではなく、「何度でも使える素材」というのは、なんて未来的な響きなんでしょう。

「いらないものだから、もったいないから、無料だから子どもたちの遊びにいい加減に使ってよい」という意味での環境ではなく、子どもたちが「リサイクルマテリアル」が持っている魅力をいかに発見し、どのように新しい命を吹き込むか、その出会いと学びの環境を見守りたいと思っています。

素材をなんという名称で呼ぶのか、どのような状況で出会わせるのか、どのように

扱うのか、大人の言葉選びや環境設定のあり方で、子どもたちと素材との出会いは、ワクワクするものになったり、つまらないものになったりします。

多様性のある素材

「みんなちがってそれがいい」そんな多様性のある教育環境を整えたいといつも思っています。子どもたちの表現にそれぞれらしさが出やすいように、素材を用意するときにも「多様性」を強く意識しています。

例えば、わざわざ購入する色画用紙ではなく、みんなの家庭から集めた包装紙を素材として用意します。日本の贈り物文化から発展した包装紙は、色幅が豊富で柄が美しいだけではなく、和紙を使用しているなど手触りや紙質も多様で

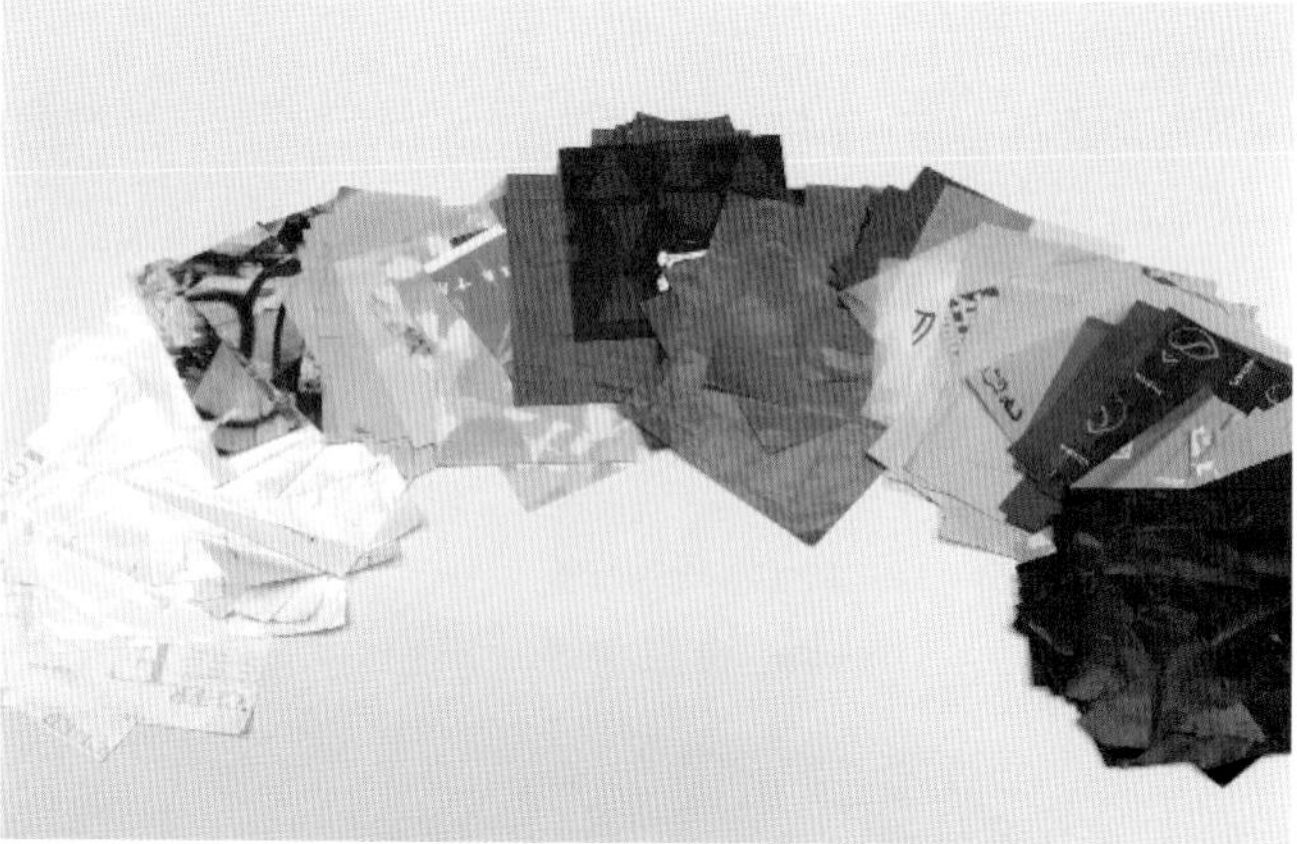

す。自然や四季が反映された日本の伝統色を使ったものもあります。みんなの家庭から集めたものは、次に同じものが用意できないほど、形やサイズもまちまちです。「平等性」という観点から言うと、子どもたち全員に同じものを渡すこともできません。しかし、子どもたちは、その中から自分の好きなものを探し、選ぶことが大好きです。ちょっとしかないから、自分だけがその魅力に気づいたからという特別感もあります。

「同じものがみんな平等にあって、無くなったらまた買えばいい」というのは、逆に不自然な社会ではないでしょうか。あるものが無くなったら、また次に違うものを探せばいいのです。まるで自然の移り変わりと同じです。それは素材との一期一会とも言えます。

紙一枚を使うにしても、自分はどんな色が好きなのかな、今の気分はどんな質に惹かれるのか、と自分自身に問いてみるなど五感で感じ選ぶこと、素材と深く対話をすることで、自分らしさにも出会えるのだと思っています。

一枚しかないから友達と半分こしてみようなど、数に限りがある貴重なリサイクルマテリアルを使うことで、子どもたちの社会性や思考能力も育ちます。

出会いの視覚化と共有

子どもたちは素材と出会い、思考し、探求の結果、それぞれの表現を生み出します。

子どもたちの表現である制作物は、すぐに持ち帰らせるのではなく、園全体の子どもや大人、保護者と共有できるように掲示するようにしています。私は、子どもたちは、周りの環境をシビアに観察し、そこで出会った〈もの・こと・ひと〉との関わりの中から新たな可能性を発見していく探求者だと考えています。保育における制作は、作品の上手い下手などの成果が大事ではなく、子どもたちがどんな思いで表現をしたのか、そこにどんな出会いのプロセスがあったのかが大事と言われます。だからといって、制作物そのものに価値がないわけではありません。制作物には、子どもの探求の行き先や発見のヒント・メッセージがたくさん詰まっています。一〇人子どもがいれば、一〇通りの異なる制作物からそれぞれの視点・個性が見てとれます。制作物は、私たちに問いをくれる大変貴重な資料だと思っています。

そんな貴重な制作物は、もともと子どもと「素材」や「道具」との〈出会い〉から生まれたものです。よって私は制作物と、素材や道具をなるべく同じ場所に掲示するようにと思っています。1から始まって、10へ辿り着いたというように、いわば探究・研究過程の視覚化です。すると、制作に参加していた子どもも、参加していなかった子どもや大人も、「自分だったらこの素材と道具でどんな表現をしたいかな」「どんな探求をしたら友達みたいな表現になるのかな」と見ているだけでも知識を得たり、自分なりの思考をしたり、その場で素材や道具を手にとって、自分の表現を試してみることが可能になります。

　また、このような環境をクラスルームやアトリエに設定していると、保育者が子どもたちに「○○をしよう！」と誘わなくても、そこに掲示・設定されている「表現」「素材」「道具」が、子どもたちを制作や探求という遊びに招待してくれるようになります。子どもたちは、自ら「素材」との関係性を育み、主体的に歩み始めることが可能になります。

2 人

白梅学園大学　宮田まり子

前節「1　物」の「数（個数）」の中で、子どもは物との対話から始まり、その物に思いを向ける中で人と出会うということ、したがって、子どもがどのように物と出会うのか、その環境や設定は重要であることを述べました。ただ、子どもが人と出会う状況はそれだけに限るということはありません。次は子どもにとって魅力的な物の先にある「人」の存在について、人と出会うことや人との出会いの中での発達について、考えてみたいと思います。

1 人と出会うこと——物に思いを向ける中での他者との出会い

この状況は、主に二つの状況が想定されます。

一つは、自身が思いを向けている物の数や活動している場の制約から、自ずと他者の存在や他者が所有している物に気づき、他者と他者の物に出会ったという状況です。このようなことは、特に人工物で作られた可動遊具や固定遊具の場で多く発生するかもしれません。

もう一つは、何かしらのことがきっかけとなり、他者が行っていることに気づき、その後そこにある物や場に出会うという状況です。きっかけには様々なことが考えられます。保育者が言葉で伝えて子どもたちの注目を集めたり、自ずと多くの人の目に触れられるような空間づくりがなされていたりなど、保育者の意図的な援助があり、他者と出会うということもあり得ます。

2 人と出会うこと――刺激し合う他者との出会い

この状況は、場を共にしたり、同じ物を所有したり、同じような活動を行ったりするなどの共同場面の中で生じる出会いになります。

遊んでいる人の動きを、少し離れた場所から俯瞰して見つめることで、他者のやり方を知るとともに、それとは少し異なるやり方を生み出すなど、新たな遊びの展開、創造的な発想や行為が引き出される可能性は高まります。この可能性は、出会う者同士が異なれば異なるほど高まります。園で言えば、園庭や保育室をつなぐ廊下やテラス等、様々な年齢の子どもたちが利用する場所で、他者との出会いが起こる可能性は高まるということになります。異年齢保育を実施している園では、特にこのような違いが刺激となり、真似てみたり憧れてイメージしてみたりといったことが頻繁に発生しているのではないでしょうか。

3 人と出会うこと――子どもが保育者と出会うことの価値

さて、子どもが遊びの中で自ら発見し、思いを描いて様々な世界とつないでいく事例の中では、保育者はどのようにいることができるのでしょうか。

私は数年にわたり、三歳児の保育を観察しました。観察をさせていただく中で、三歳児の遊びの展開に保育者の存在は非常に重要であるということを改めて知りました。例えば積み木遊びの場面において、保育者がどのようにいるかによって展開は異なるように思われます。特に、保育者が参加しないとき、参加したときで展開は異なります。そこで、三歳児の積み木遊びに保育者が関与した場合の事例を集め、保育者が関与しなかったときと何が異なるのかを見つめてみることにしました。

まず、この観察での三歳児積み木場面における保育者の言葉かけには、様々なものがありました（表1）。

この分類を視点として観察した事例に戻り、保育者の発話の数やタイミングと遊びの展

表1　3歳児積み木場面における保育者の発話内容カテゴリ

カテゴリ		定義	例
受容的応答	再生	幼児の言語の再生と疑問形による再生。	子：「おさらでぇ」保：「おさらでぇ」／子：「ホットケーキ作るね」保:「ホットケーキ？」
	肯定的反応	行為や発話を肯定する内容の応答。	保：「おいしそうだね」 笑い。語尾が上がる歓びを表す声。
	了承	承知したことを示す発話。	子：「いーれーてー」保：「いいよー。一緒に作ろう」
	相づち	幼児の会話中に入れられた間投詞。	保：「うん」
	代弁	幼児の発話や行為の代弁。	保：「よかったね。喜んでもらって」
	励まし	幼児の行為を励ます発話。	保：「(不安定な所に積み上げる子に) 気をつけてー」
保育者発信の表示	質問	行為や発話の意味や内容などを尋ねる発話。	保:「なにが入っているのかな。チョコケーキ」
	意味付け	幼児の行為に対する言語化。	子が積み木の上から飛び降りる。保:「ジャーンプ」
	問題提起	解答があり考えさせる発話。	保：「なんで崩れちゃったんだろう」
	伝達	積み木以外の情報を伝える発話。	保：「ちょっと先生○○ちゃん来たからお迎えに行ってくるね」
	提案・説明	現状に対し新たな考えに関する発話。自身の行為についての説明、言語化。	保：「今度すごい高いトンネル作ってみようよ」／保：「先生はチョコレート（保に見立てられた積み木）を乗せて」
	解答	問題や質問に対する答え。	保：「そう、この間のよーいドン」子：「なにそれ」保：「え、すべり台」
	意思表示	幼児の行為や発話について自身が思ったことや考えたこと。	保：「近いよねぇ。幼稚園からでも」
	挨拶	日常的に礼儀として行われる定型的な言葉。	保：「おはようございます」
否定的・教示的応答	指示	幼児に、次の行為を指し示す発話。	保：「(積み木を持った子に) これじゃあこっちに」
	否定的反応	行為や発話を否定する内容の応答。	崩そうとしている←「どっかんってなっちゃうよ」
	禁止	行為や発言を禁ずる内容の発話。	保：「もうこれ行き止まりでーす」
	注意	注目を促し判断の検討を促す発話。	保：「お友だち転んじゃうよ。危ない危ない危ない」
	促進	幼児の行為や発話を促す発話。	保：「(座って進もうとする子に) 立って行ってごらん」／保：「(積み木の上、止まっている子に) はい」

出典：宮田まり子著『園における3歳児積み木場面の検討』風間書房、2019年

開について考察をしてみました。また、積み木場面への着目でしたので、発話だけでなく、子どもと保育者がどのように積み木を操作しているのか、その行為にも注意して事例を読み直しました。

すると、保育者の発話や行為がその後の子どもたちの遊びの展開に関係している可能性が見えてきました。

まずは保育者の行為です。子どもと保育者との積み木場面において、積み木の構築に関係する行為は「子どもの積み上げ」「保育者から子どもへの手渡し」「子どもから保育者への手渡し」「保育者の積み上げ」の四つが想定されます。実際の事例でもこの四つの行為が確認されました。

そしてその視点で、保育者が参加したときから参加し終えたときまでの行為数を数え、比率

図４　積み手が積み木を手にした後に選択した行為の内容

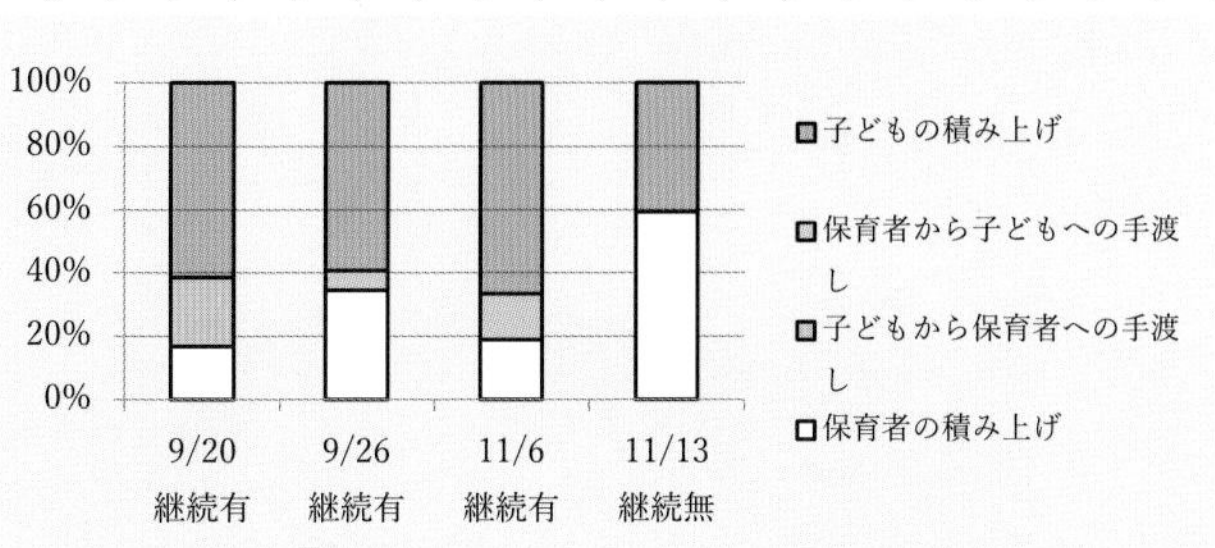

出典：宮田まり子著『園における３歳児積み木場面の検討』風間書房、2019年

を出したものが図４になります。

図中の「継続有／継続無」は、保育者がその場を離れても積み木遊びの継続が有ったのか・無かったのかを記したものになります。このときの観察で継続が無かった場面は一回（11月13日）で、その日の積み木遊びは「保育者の積み上げ」が多く見られました。ここから、遊びの展開には、子どもが自ら関与し、構築していくことが必要である可能性が考えられました。

次に、表１で命名した保育者の発話分類を視点に、この事例を見直してみました。その結果が図５になります。

結果、四つの場面では多少発話数に違いは見られたものの、それほど大きな違いはないように思われました。特に、「継続有」と「継続無」との違いはないと言えます。では、何が継続に

図５　保育者の発話内容

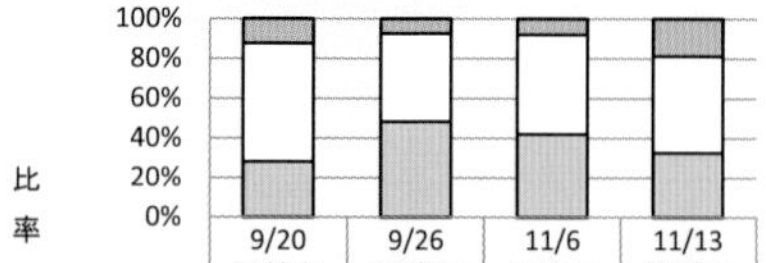

	9/20 継続有	9/26 継続有	11/6 継続有	11/13 継続無
■否定的・教示的応答	12.5	7.4	8	18.8
□保育者発信の表示	59.4	44.4	50	48.4
■受容的応答	28.1	48.1	42.2	32.8

出典：宮田まり子著『園における３歳児積み木場面の検討』風間書房、2019年

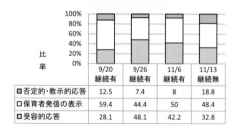

関与していたのでしょうか。ここで改めて、今回見直した事例の物語を、細やかに見直してみることにしました。

まず、積み上げへの関与で「子どもの積み上げ」が多く、保育者の発話で「否定的・教示的応答」が少なかった保育者の事例のストーリーを見てみます。

●エピソード1——11月6日
保育者の「再生」発話と行為の追随（保育者B：三歳児クラス担任一年目）

保育室で朝の身支度を終えたサキコが隣室にあるコルク積み木まで走って行く。その後ろを保育者Bが歩いて行く。

サキコ「ホットケーキ作るね」

保育者B「ホットケーキ作る？」

サキコは、コルク積み木が置かれている場に着くと素早く振り返って体を保育者Bの方に向け、積み木箱から直方体の積み木を一つ取り出す。保育者Bも直方体の積み木を一つ取り出す。

サキコ「じゃあ、ホットケーキ作ろう？」

保育者B「ホットケーキ？」

——途中略——

サキコ「ねぇチョコケーキ作ろう？」

保育者B「チョコケーキ？」
サキコ「うん」
保育者B「おいしそうだね。何が入っているのかな。チョコケーキ」
二つの直方体を右手と左手に一つずつ持ち、順に積み上げたサキコは「じゃあ」と言いながら、保育者Bによって取り出された直方体を一つ持ち上げながら「生クリーム乗せて」と言って積み上げる。保育者Bはサキコの積み上げを見ながら、「先生はチョコレートを乗せて」と言いながら、箱から取り出した積み木を床に置かず、直接サキコが積んだ積み木の上に積む。サキコは保育者Bが箱から取り出していた直方体の積み木を一つ持ち上げ、保育者Bが積んだ積み木を見ている。
サキコ「うちはいちごを乗せて」
保育者B「じゃあ先生はバナナを乗せようかな〜」
保育者Bとサキコが積み木を一つ手にしては、見立てたことを話しながら積んでいく。サキコが長さのある直方体の積み木を手にし、「私もバナナ乗せよっかなー」と言って積もうとする。
保育者B「おっきいバナナだねぇ」

四角囲みは「受容的応答」
傍線部は「保育者発信の表示」

保育者はサキコがイメージを伝えた発話「ホットケーキ」をそのまま再生し受容してい

ます。加えて、そのサキコのイメージの中で「何が入っているのかな」と展開を促しています。さらに「いちごを乗せて」というサキコのイメージを受け止めつつ、再びそのイメージの中で「バナナ」を出すなど、一人の参加者として主体的に参加しています。

図5の9月26日の事例も同様で、この二つの事例に共通していたことは、「イメージを膨らませる」というストーリーでした。

一方、図5の9月20日の事例は、11月6日（エピソード1）や9月26日の事例と発話の内容が異なっていましたが、保育者がその場からいなくなっても積み木場面は継続していきました。9月20日の事例のストーリーは次のようなものでした。

● エピソード2——9月20日

積み上げ課題の援助（行為による課題の可視化）（保育者C：主任 11年目）

保育者Cは重心部分に支えがない不安定な積み木を手で支え持ったまま、「ここに積み木が足りないよ」と言う。ユメは箱から積み木を取り出そうとしている。ジュンは保育者Cが「足りない」と指摘した場所を見て、積み上げを止める。

保育者C「ジュンちゃん、ここいいよ。ここに積もう」

保育者Cはジュンが最初に積み木を積もうとした場所を指し、ジュンから積み木を預かって積む。

保育者Cの後ろから積み上げを見ていたアッシが積み木箱の方に来る。

保育者C「ちっちゃいのがいいかもしれない」

ジュンが箱から積み木を一つ取り出し、頭上に持ち上げる。ユメも箱から積み木を一つ取り出す。

ユメは保育者Cが「足りない」と指摘した場所に積み木を積む。

保育者C「あ、ジュンちゃんのいいかもしれない。あ、ユメちゃんのもいい」

ユメの積み木によって、保育者Cが支えていた積み木は安定する。

四角囲み は「否定的・教示的応答」

この事例では、保育者はこれまで三歳児が積み上げていた物と異なる構築物を作り上げようとしていました。よってこの事例は「イメージを膨らます」ストーリーではなく、「より複雑な構築を目指した」ストーリーであると思われます。そこで保育者の発話内容として「否定的・教示的応答」が多く出現していたのでした。

そして図5でも示しましたが、「ここにこれを積もう」といった教示的な発話は多く見られるものの、このストーリーの後、保育者がその場からいなくなっても子どもたちは積み上げを続けていました。保育者の教示が多い中でも、構築物の大部分が、子どもたち自身が積み上げたものであったということも、継続を可能にした要因となったのかもしれません。

これらの検討から、子どもが自ら遊びを展開していくために必要な保育者のあり方として、以下のことがポイントとして考えられました。

●子どもの遊びに対する思いを捉え、受け止める。

【ポイント】…受け止めることの具体的な行動としては、子どもの発話をそのまま繰り返すなど。共に行うこと（子どもの動きと同じこと

をすること）も含まれる。

●子どもと共に作り上げる場において、保育者が自身の思いを伝えたり、提案をしたりすることは、必ずしも子どもの思いを妨げない。

【ポイント】…ただし、子どもの思いが先であり、その子どもの思いの中での提案、あるいは子どもの思いの先に向けた提案である必要がある。また場面を決める最後の行動は、子どもの行動である必要がある。

子どもと共に過ごし、発話を繰り返すなどして会話を楽しむ中で、子どもたちそれぞれのイメージや思いが広がっていくことを促し、また、子どもの応答を確認しながらいくつかのことを提案し進めていく、そして最後は子どもたちが作り上げた物が残るように配慮する保育者の存在は、子どもたちの遊びづくりにおいて不可欠な要素の一つとなるのではないでしょうか。

〈参考文献〉

・宮田まり子著『園における3歳児積み木場面の検討』風間書房、二〇一九年

3 時間

東京大学大学院教育学研究科附属発達保育実践政策学センター　野澤祥子

1 時計の時間と主観的な時間

現代では、社会生活を送るために、一定のペースで時を刻む「時計の時間」（一川、二〇〇九）に合わせて動くことが求められています。「いつまでにこれをしなければならない」というスケジュールに追われ、忙しく生活している人も多いと思います。

園でも、年間計画の中に行事があり、行事に向けての準備を進めていく必要がありますし、日々の日課においても、何時までに何をするということがだいたい決まっていることが多いでしょう。例えば、食事の時間は何時からだから、何時までに片づけをして、何時から準備を始めるということは概ね決まっています。スケジュールに追われてしまって、集団で動きたいときに動いてくれない子どもがいると、つい、イライラしてしまうという声を伺うこともあります。

もちろん、計画は必要ですし、ある程度は計画通りにスケジュールが進んでいかないと、保育の実践は滞ってしまいます。園は集団生活の場ですから、一人ひとりが好きな時間で動いたら、皆が混乱してカオスの状況になってしまうかもしれません。

しかし、ご存じのように、子どもたちは「時計の時間」の感覚を生まれたときから身につけているわけではありません。そもそも、時計が人々の生活の中に浸透したのも、それほど昔のことではないのです。現代の時計の時間は、世界中で共通の「標準時」ですが、日本の標準時が定められたのは、明治二一年のことです(一川、二〇〇九)。時計が地方の村の人々の暮らしの中で使われるようになったのは、戦後のことだということも指摘されています(内山、二〇一五)。

現代に生きる私たちは時計の時間を当たり前のように受け入れ、生活していますが、時計の時間は、世界中の人々が共通の時間で生活できるようにするための社会的な取り決めです。学校では、時計の時間に従って授業が進みますから、子どもが活動の始まりと終わりの時間を理解し、時間に合わせて動くことも、様々な活動を通して徐々に身につけていけるようにすることは大切だと思います。しかし、乳幼児期の子どもたちにとって、時計の時間が当たり前ではないことを踏まえておくことは重要なことだと思います。

また、人間には、時計の時間とは別に、主観的に経験される時間があります（ブオノマーノ、二〇一八）。主観的に感じられる時間の長さは、大人でも状況によって異なることが研究によって示されています（一川、二〇〇九）。皆さんも、退屈なときには時間がなかなか過ぎないように感じられるし、集中したり楽しんだりしているときには時間があっという間に感じられるということを、体感されていることと思います。一定に刻まれる時計の時間だけではなく、その時々で伸び縮みする（ように感じられる）主観的な時間を尊重するということも大切なのではないかと思います。

2 子どもの時間

園の生活は、基本的には時計の時間に従って進みますので、保育者は時間についての見通しを持ち、ねらいを定めて活動を組み立てるでしょう。そのこと自体は大切なことだと思います。しかし、一方で、遊びの中では、子どもが「これをやってみよう」と一度、決めたとしても、やってみたらうまくいかなかったり、思いもよらない出来事が起こったりすることもあります。そうした出来事によって、活動は時々刻々と変容していきます。また、子どもが遊びの中で経験する時間の主観的感覚も、その時々の集中度や状況に応じて揺らぎます。なかなかやりたいことが見つからなくて退屈な時間を過ごしていたとしても、次の瞬間に面白い出来事に出会うかもしれません。さらに子どもが経験している主観的時間は、外側からはわかりにくい場合もあるでしょう。退屈そうに見えても、心の中は忙しく動いていることもあります。大人から見て停滞しているように見える時間も、子どもたちにとっては意味のある時間かもしれません。

一定のペースで刻まれる時計の時間とは別に、遊びの中で、子どもたちが生き、経験し、積み重ねていく時間にも心を寄せたいものです。以下に、園でのエピソードも参照しながら、子どもたちの時間について考えてみたいと思います。

3 浸る時間・動き出すまでの時間

遊びというと、子ども自身が身体を動かしたり、玩具を使ったり、モノや素材で何かを生み出したり、他者と関わったりするなど、能動的に動く子どもの姿が思い浮かぶのではないでしょうか。しかし、外側からは能動的に動いているようには見えないとしても、子ども自身が充実した時間を過ごしている場合もあるのではないでしょうか。

●エピソード1

夏のある日、園庭ではいくつかの大きなたらいに水を入れて、カップなどで水を汲んでは流したりして、保育者と何人かの子どもたちが水遊びを楽しんでいました。水を汲んで上から流すと、水が跳ねて子どもたちにも降りかかります。子どもたちは、その水の冷たい感触に声を上げます。水遊びは盛り上がり、子どもたちは心から楽しんでいる様子でした。

裸足で遊んでいる子どもたちが部屋に戻る際に足を洗うことができるように、縁側のところにもきれいな水を張ったたらいが用意されていました。そこへ、子どもが一人やってきて、たらいの中に入りました。足を洗って部屋に戻るのかと思い見ていると、そのたらいの中に入って、水遊びの様子をじっと眺めています。

少し時間が経って、まだその子がたらいの中に入っているので、保育者が「どうしたの」と尋ねてみると、その子は、水遊びの場では、水が跳ねるのが少し嫌で、遠くから眺めていたかったようです。保育者は、その子の思いを尊重し、満足するまでたらいの中にいられるように見守っていました。

盛り上がって楽しそうな水遊び場の子どもたちに比べて、一人でたらいの中に入っている子どもは楽しんでいるのかなと心配になってしまいます。しかし、その子は、水の中に足を浸し、水の感触を味わいながら、水遊びの様子をじっくりと眺めることで、充実した時間を過ごしているようにも見えました。保育者もそのように感じたからこそ、水遊びの

場へ行くことや、足を拭いて部屋に入ることを無理に促さなかったのだと思います。

この事例のように外側から見ると動きが見えない、見えにくいこともあると思います。また、ずっと同じことを繰り返すなど発展が見えにくい場合もあります。次の発展に向けて何らかの援助が必要な場面もあるでしょう。しかし、子どもが無理に動かされるのではなく、じっくりと自分の時間を過ごせる、自分の時間に浸れるというのも大切なことのように思います。その子にとってよいタイミングがくれば、自ら動きだし、皆の輪の中に加わったり、加わりたいというサインを示したりするかもしれません。保育者が、「その子にとってのそのとき」がくるまで待つという時間も必要ではないかと思います。

4 停滞と出会いの時間

遊びの中では、子どもが一人で夢中になって取り組み、充実した時間を過ごすこともあるでしょう。一方で、何となく物足りなくなってきたときに、友達と関わることが刺激となって、遊びがさらに発展していくことがあると思います。

●エピソード2

一人の子どもが砂場で、スコップを使って山を作っていました。次第に山が高くなっていきます。しばらくしたところで、何となく物足りなくなった様子で、周囲を見渡します。その子は立ち上がり、まずは、砂場で使う玩具が入っている籠のところに行って、使える道具がないか探します。作っていた山のところへ戻ってくると、そこへ他の子どもが二人、やってきました。

そのうちの一人と一緒にまた山を作り始めます。砂を掘っては山にかけることを二人でタイミングよく繰り返すと、どんどん山が高くなっていきます。二人で一緒に作ることでリズミカルに作業が進み、山の高さが加速的に高くなっていきました。

●エピソード3
何人かの子どもで工作をしています。一人の子どもが、空き箱を活用して車を作っています。ペットボトルの蓋に穴をあけ、竹ひごを通して車輪にします。さらに、車にビニールの紐をつけて、引っ張って走らせることができるように工夫しました。保育室には、素材や道具が十分に準備されています。それらの素材や道具を活用し、自分の満足のいくものができるまで夢中になって作業をしていました。

しかし、できあがりを試しているうちに、物足りなくなってきたようです。何となく手持無沙汰の様子で時間を過ごしているうちに、友達の一人が同じような車を作り始めます。すると、その子は生き生きとした様子を取り戻し、友達の工作を手伝い始めました。


こうした場面は、日常の保育の場面でよく見られると思います。魅力的な場、物、素材が準備されていることで、「やってみよう」という主体が動き出し、一人で取り組む時間も充実した時間になります。しかし、そのうちに少し物足りなくなったり、停滞する時間が訪れたりすることがあります。そのようなときに、友達との出会いが刺激となり、生き生きとした時間の流れが新たに生み出されるということがあるように思います。

物足りなくなって、停滞しているように見える時間は、不要な時間かというと、そうではないでしょう。少し物足りなくなって周囲の様子を見渡す時間は、子どもが他者や、異なる物や素材、別の場へと開かれ、出会いが生まれる時間でもあるのではないでしょうか。新たな出会いによって、子ども同士の活動がつながり、再び充実した時間が流れ出すこともあります。充実の時間だけではなく停滞のように見える時間も含む、揺らぎを持った時間の流れを保障することが大切なのではないでしょうか。

5 積み重なる時間

以上では、一日のうちの区切られた時間の中で、子どもたちが経験する短い単位での時間について考えてきました。一方で、園の時間は、日々、つながりを持って展開していきます。STEP1で紹介した「のびのび畑」のエピソード（6頁）は、まさに、長期にわたる時間の積み重ねが見える事例です。

年度を超えて年長に引き継がれる畑をめぐって、園の歴史の物語が根底にありながら、その年度の年長の子どもたちによって、新たな物語が紡ぎ出されています。

ＳＴＥＰ１の〈エピソード２〉（９頁）では、種を大事に植える子どもたちが「本当に芽が出て、実がなるのかな？」と不安に思ったり、「おいしいニンジンができますように」と手を合わせてお願いする姿がありました。こうした姿は、未来の時間を想像することができるからこそ、そして、未来は確実に思い通りになるわけではないことを知っているからこその姿です。時間についての子どもの知性がよくあらわれていると思います。一方で、このように保育者や友達と共に、わからない未来の時間を想像する、未来のために祈るということは、計画通りということだけを求めるのではない活動を行うからこそ経験することができるのではないかと思います。

計画から逆算して活動を考えるのではなく、積み重なりゆく子どもたちの時間を大切にした実践だということは、次に起こった出来事からもわかります。子どもたちは、水やりをしようとしたときに、「種をどこに植えたかわからない」という問題にぶつかるのです。どこに種を植えたかわからなくなってしまうということは、保育者は種を植える前に予想できたかもしれません。そうならないように、事前に看板を作るという活動を行うこともできたと思います。しかし、このエピソードでは、子どもたち自身がその問題に出会うということが大切にされています。たとえ看板を作るという解決法は同じであっても、子どもたち自身が問題に出会ったのかによって、子どもの経験は全く異なるのではないかと思います。

保育者が看板を作ることを事前に提案してしまえば、子どもたちは、保育者が作った、あらかじめ結末の決まった物語を生きることになります。一方、子どもたち自身が「種をどこに植えたかわからない」という問題に出会った場合、「わからない、どうしよう!」という感情が強く経験され、言葉、やりとり、アイディアがまさにその場で実感を伴ったものとして生み出されると思います。その場で、発せられる言葉やアイディア、やりとりがつながりあい、アイディアが実現されることで、

その子どもたちにとっての固有の物語が紡がれていきます。そして、あらかじめ結末が決まった物語ではなく、自分たちが生きた時間の中で出会った出来事から紡ぎ出された固有の物語こそが、「こんなことがあってね、看板を立てたんだよ」というふうに語り継がれていくのではないかと思います。それが、のびのび畑の歴史の一ページにも加えられ、園のコミュニティを豊かにしていくことにもつながっていくのではないでしょうか。

冒頭に述べましたように、現代に生きる私たちは、一定のペースで時を刻む時計の時間に従って生きています。大人たちが時計の時間に合わせて生活することが当たり前になっていることで、子どもたちにも無意識にそれを期待するところがあると思います。もちろん、子どもの生活リズムは大切ですし、時計の時間に徐々に合わせていけるようにすることも必要なことでしょう。

しかし、遊びの中で子どもたちが時計の時間とは別に生きる時間、主観的に経験する時間を尊重することも必要なのではないかと思います。大人にとっては、子どもが能動的に動いていないように見える時間、停滞しているように見える時間であっても、子ども自身にとって意味ある時間である可能性があります。常に目的から逆算して今を考えるのではなく、子どもの経験する時間に思いを寄せ、子どもたちが保育者と共に不確定の未来を想像し味わいながら、揺らぎつつ流れる今を積み重ねて物語を豊かに紡いでいけるようにすることも大切なのではないかと思います。

〈参考文献〉

・一川誠著『時計の時間、心の時間―退屈な時間はナゼ長くなるのか?』教育評論社、二〇〇九年
・内山節著『子どもたちの時間』〈内山節著作集11〉農山漁村文化協会、二〇一五年
・ディーン・ブオノマーノ著、村上郁也訳『脳と時間:神経科学と物理学で解き明かす〈時間〉の謎』森北出版、二〇一八年

エピソード1~3は認定こども園あかみ幼稚園で出会ったものです。掲載の許可を得ています。心より感謝申し上げます。

STEP

3

「遊び」づくりで大切にしたいこと

「遊び」づくりで大切にしたい五つのこと

白梅学園大学　宮田まり子

先のSTEP2では、遊びの生成過程において大切にしたい点を三つの視点から述べてきました。遊びは、いろいろなことが関係して生成し、発展していきます。この三つの視点は、今よりさらに豊かな遊びへと遊びを展開していく際に、その複雑なつながりを少しほどいてみて振り返って確認したり、変えていったりするための視点でもあります。

STEP3では、遊びを捉えつくっていく際、基盤（ベース）として大切にしたい五つのことについて述べたいと思います。

1 子どもの声を聴く

白梅学園大学　宮田まり子

私は、「遊びとは何か」という課題を共同研究において二〇一四年から検討してきました。

その中で、子どもの遊びを捉えるためには、形に目を向けるだけではなく、遊び手の状態に目を向ける必要があるのではないかと改めて結論付けました。

例えばあるとき、保育室で子どもたちが自由に遊んでいる様子を観察させていただいた際、積み木の上に座り、じっと動かず何もしていないように思われる子どもに出会いました。私は、この子は園に来る意味をどのように捉えているのだろうか、この子が園で過ごす一日はこの子にとってどういう意味があるのだろうかと思いました。そこで少し距離を置きつつ、私も床に座り、その子の斜め後ろから動くことのないその姿を見続けてみました。

その子(以下A)はずっと前を見たまま、積み木の上に座ったまま、動きはありません。しばらくして、同じ保育室の子ども(以下B)がAのそばに近づいてきました。Bはエプロンを着て、ぬいぐるみを抱いていて、何かとても忙しそうにしていました。私には、お家ごっこをしているように見えました。Bは、お家からいろいろな物を周囲に広げて、自身の遊ぶ場を広げようとしている感じでした。

そして、BがAの場に近づいたときです。Aは変わらず積み木の上に座り、全く動いていませんでしたが、一言、「電車ごっこだよ」と発したのです。

私はハッとしました。積み木が無造作に並び、単に誰かが積み木を抜き取った跡かと思っていたその場は、車両が点在する場だったのです。それらが連結していたのかどうかは定かではありません。そこはいろいろな車両が横たわる車庫だった

のかもしれませんし、目には見えませんが一つひとつの積み木は、想像の中で連結されていたのかもしれません。私が何もしていないように思っていたAは、頭の中では電車の想像を膨らませ、保育室にその世界を広げていた、つまり深く遊びこんでいたのです。

例えばこのような子どもの姿からも、遊びは外側からでは捉えられない、遊び手の視点に立って初めて捉えられるものなのではないかと思ってきました。

また、子どもの遊びに対するイメージ(以下「遊びに対するイメージ」を「遊

び観」とします）は、大人が持つイメージと異なるのではないか、したがって、子どもの遊びを捉えるには、まずは子どもの遊び観を知る必要があるのではないかと考えました。

そこで本節冒頭で述べた共同研究では、小学一年生から回答できる質問紙を作成し、約七千人の小学生に協力をお願いして質問紙調査を行いました。[1] さらに、幼児にはデジタルカメラを持ってもらい、自由に撮影したものを基に語ってもらうという写真投影法を用いて、子どもが「好んでいること」や「ここが遊び場だ」と捉えている場所を教えてもらいました。[2]

子どもが写したもの、内容は驚くものばかりでした。例えば、地面の土だけを写し出したものや、どことも説明ができないような特徴もないような空いた場の一角が写し出されていたりします。「ここはどういうところ？」とインタビューをすると、「鬼ごっこをするところ」「キョロキョロするところ」といった回答があり、子どもたちはそれぞれにその場の特徴をつかみ取り、遊びに活かしているということがわかってきました。同じ園の同じ年齢の子どもたちの中でも、同じ場所に対してそれぞれ別の印象を持っていることもわかりました。一人ひとり、想像する世界は異なるということが改めてわかった調査になりました。

このような結果から、私たち大人が子どもの視点に立つこと、子どもの声を聴くことの必要性は明確です。そして私たちは、子どもの遊びを育む際、最初に、子どもとは好みや受け取り方が異なる可能性が高いということを踏まえ、子どもの思いを知る必要があります。

子どもの思いを知るための第一歩として、物理的に子どもの目の高さに立って、保育室や子どもが過ごす園内外の場所を見回してみるということもよいかもしれません（次頁の写真参照）。

子どもにインタビューをする際のポイント

写真を活用した子どもへのインタビュー（写真投影法）は、ずっと通わせていただいている園で実施したこともありましたが、初めて伺う園でも行ってきました。

初めての園では、最初、子どもたちは私に対するかなりの緊張があり、「ここはどうして好きなの？」と聞いても「好きだから」という言葉のみが返ってくる感じでした。しかしそれでも、「なるほど」「ありがとう」と一言伝え、受容的に関わるうちに、インタビューに答えてくれる子どもの体がほぐれていくのを感じました。回を重ねるうちに、私が保育室に行くと、「今日はもう考えてあるよ」と自らカメラを取りに来てくれて、そして積極的にインタビューの場に来てくれるようになりました。子どもたちはインタビューをとても楽しんでくれました。

このインタビューで最も大切なことは、「参加してもらうこと」にあります。そのため、インタビューでの回答に正解はなく、どのような表現も受け止めることがとても重要なポイントです。

子どもの目の高さから子どもの世界を見る
三歳児の平均身長の高さにカメラ(携帯電話)を設置し、オンラインで共有しているところ。三脚に車輪が付いていなかったので台車を用いている。

子どもの声を聴くことのもう一つのよさは、保育者が意識的に子どもたちの話を聞いていくことで、子どもの主体性を引き出すことができるということです。子どもたちの声を聴き、その声を基にして場を変えていけば、それは子どもと保育者の場になります。子どもは、単に保育者が設定した、あてがわれた場で過ごすのではなく、自身の思いも加わった場で過ごすということになります。先に述べたように、子どもたちには場に対する多様なひらめきがあり、遊ぶために考えた工夫と活用法があります。保育者の思いやねらいと積極的な提案（環境設定と関わり）もとても大切ですが、それと同じように子どもたちのアイディアが盛り込まれた空間がつくられると、子どもの環境に対するより積極的な関わりは促され、想像は広がり、遊びもより豊かになります。

〈注〉

1　秋田喜代美・宮田まり子・佐川早季子・呂小耘・杉本貴代・辻谷真知子・遠山裕一郎・宮本雄太「小学生の遊び観の分析―遊びに対するイメージと価値認識に着目して―」『東京大学大学院教育学研究科紀要』第五五巻、二〇一五年

2　宮田まり子・淀川裕美「地域における子どもにとって愛着のある場の分析～拡張された園庭としての公園に着目して①～」『日本保育学会第72回大会大会要旨集』二〇一九年

2 安心できる居場所をつくる

東京大学大学院教育学研究科附属発達保育実践政策学センター　野澤祥子

子どもは、自分で何かを始めようとする「主体性（agency）」を持っています。秋田（二〇二二）は、「『主体性（agency）』は本来的に人間一人ひとりが生得的に有している尊厳である」と述べています。一人ひとりが有する主体性を園で存分に発揮できるように支えたいものです。一人ひとりの子どもの主体性によって、遊びの中での多様な行為が生み出され、子どもたちと保育者による「共主体性（co-agency）」によって遊びが豊かに生成されていきます。

しかし、子どもが主体性を十分に発揮することができない場合もあります。例えば、入園したばかりの子どものことを思い浮かべてみてください。もちろん、その子の年齢や性格にもよりますが、保護者と別れるときに泣いてしまってなかなか気持ちを収めることができなかったり、不安な気持ちで保育者のそばから離れられなかったり、固まってしまって遊びだせなかったり、歩き回ってはみるもののじっくり遊びこめなかったりという姿が見られるのではないでしょうか。そんなとき、保育者は、まず、子どもたちが安心できるような援助をするでしょう。

本節では、子どもが安心できる場をつくるために必要なことについて、関係性と環境の観点から考えてみたいと思います。

1 子どもの安心を支える関係性

入園直後は不安でいっぱいだった子どもたちは、保育者との関係性の中で育まれる安心を足場として、遊びの世界へと飛び込んでいきます。ある子はおずおずと、ある子は大胆に「何かやってみよう」「これやってみたい」といった主体性を発揮するようになっていきます。

そのメカニズムを考える上で重要な概念として、「アタッチメント」があります。

①アタッチメントとは

アタッチメントとは、「恐れや不安などのネガティブな感情が生じたときに、特定の他者とくっつくこと、くっつこうとすること」のことです（遠藤、二〇一七）。乳幼児は一人で生きていくことはできません。知らない人に出会ったり、初めての場所に行ったり、転んでしまったり、試してみたことがうまくいかなかったりといった日常の様々な場面で、乳幼児は怖い気持ちや不安な気持ちを経験します。そうした場面は、子どもの年齢が小さいほど自分で対処することが難しく、誰かに助けを求めたり、誰かのもとに逃げ込んだりしなければなりません。知らない大人は助けてくれるかどうかわからないので、必ずケアして安心感を取り戻してくれる人に助けを求めることが必要です。そこで、子どもは一歳頃までの間に、怖い気持ちや不安な気持ちになるような状況で特定の人にくっついて、安心感を回復するということを学びます。これが、アタッチメントが形成されるということです。子どもは親だけではなく、保育者や祖父母などケアしてくれる存在に対してアタッチメントを形成することができます。

子どもが逃げ込める場に特定の大人がなるということは、アタッチメントの「安全な避難所」としての役割と言われています。しかし、アタッチメントの役割はそれだけではありません。子どもは、その大人になだめてもらったり、慰めてもらったりして怖い気持ちや不安な気持ちを立て直したら、大人のもとを離れ、再び遊び始めるでしょう。特定の大人を「安全の基地」として、遊びの世界に飛び込んでいくのです。子どもが主体性を発揮しながら他者や世界と出会い、関係をとり結ぼうとする際に、アタッチメントは「安全の基地」として重要な役割を果たすと言えるでしょう。

さらに、安定したアタッチメントは「いざとなったら助けてもらえる、ケアしてもらえる」という確信とつながっており、大人への信頼感を育みます。また、自分はいざとなったら助けてもらえる存在だという自分への信頼感を育むものでもあります。こうした他者

への信頼、自分への信頼は、挑戦することや、失敗しても立ち直ることを支えます。

②アタッチメントの形成を支える保育者の関わり

では、園でのアタッチメントの形成を支える保育者の関わりとはどのようなものでしょうか。入園して間もない時期で、まだ保育者と十分には信頼関係ができていないという状況を考えてみましょう。

子どもにとって園はまだよく知らない場所で知らない人もたくさんいます。「安全な避難所」である、お母さんやお父さんも去ってしまいます。子どもたちは、不安やさみしさでいっぱいです。

子どもが泣いていたり悲しそうにしていたりしたら、保育者は「おうちの人と『さよなら』したのが悲しかったね」などと、まずは子どもの気持ちに共感し、気持ちの表現を受け止めるでしょう。そして、抱っこしたり手をつないだりなど身体にも触れて慰めながら、徐々に気持ちを収められるような関わりをすると思います。気持ちが落ち着いてくると、子どもは泣いていながらも、ちらっと周囲の様子を見たりします。保育者はその視線を逃さず、タイミングを見計らいながら、園にある玩具や環境、他の子どもの様子を見せたりして少しずつ遊びの世界へと誘うでしょう。

子どもの年齢や性格によっては、不安やさみしさよりも好奇心や遊びたいという気持ちが勝って、保育者の援助をあまり必要とせず、すぐに遊びだす場合もあります。園には、子どもたちにとって魅力的なものがたくさんありますし、一緒に遊べそうな友達もたくさんいます。遊びたいことがすぐに見つかれば、そこが居場所になり、安心感につながります。しかし、時間が経ってちょっと飽きたり疲れたりしてきたころに、さみしい気持ちがどっと押し寄せてきて泣き出したり、友達にちょっかいを出したりする子どももいるかもしれません。保育者は、そんな子どもたちの気持ちも受け止めるで

しょう。

園では、入園してくる一人ひとりの子どもを歓迎し、あたたかく迎え入れると思います。しかし、入園後、間もない時期には、子どもたちは多かれ少なかれ不安な気持ちを経験します。上記のように、子どもの不安やさみしさを敏感に受け止め、ケアする関わりを積み重ねることが、アタッチメントの形成につながります。子どもが、いざというときにケアしてくれる存在として保育者を認識し、保育者への信頼感を持つことができるように援助することが大切です。

③安心から遊びへ

子どもが安心感を得て保育者のもとを離れて動き出したら、ずっとそばにくっついている必要はありません。どれくらいの距離に保育者がいたらよいかは、子どもの状況によりますが、子どもが保育者を必要としておらず、危険もない場合には、あえて踏み込まずにそっと見守ることも大切だということが指摘されています(Bringen, 2009; 遠藤、二〇一七)。

冒頭で述べたように、子どもは、自分で何かを始めようとする主体性を持っています。子どもが物や素材に出会える環境を整えつつ、子どもの興味が何かに向き始めたら、子ども自身が「やってみたい」と思ったことに向かって主体がぐっと動き出すのを、そっと傍らで待つということも大事なのではないでしょうか。

2 子どもの安心を支える環境

これまで述べてきたように、子どもが主体性を発揮する上で、安心の基盤となる安定したアタッチメントの関係性を築くことはとても重要なことです。一方で、安心して過ごすことのできる環境を整えることも重要だと思います。

①アタッチメントの観点から考える環境

アタッチメントの観点からは、大人が離れたところからでもあたたかく見守っていることが子どもに伝わるようにすることの重要性が指摘されています。そのためには、環境の中で保育者がどこに位置取りをするかということが、とても大事だと思います。園に伺って保育を拝見していると、保育者が絶妙な位置にいながら多様なところに目配りし、子どもが保育者の方を見るのにタイミングよく視線を合わせて共感を示すという場面に出会うことがあります。保育者が目や耳を鋭敏に働かせ、子どもの視線や動きを感じ取ることで自然と目が合っているのだと思いますが、傍から見ていると「その子だけを見ていたわけではなかったのに」と驚くばかりです。保育環境の中での位置取りや目配りは、保育者の高度な専門性だと思います。遊びの場面での保育者の位置取りについても検討してみてください。

②落ち着いて過ごせる環境

子どもが落ち着いて過ごせるような環境づくりも大切だと思います。玩具や素材をダイナミックに使って遊びこめる場とともに、ほっとした気持ちで静かに遊べる場があるとよいでしょう。例えば、絵本を読む環境としてカーペットが敷いてあったり、椅子やソファ、クッションなどが置いてあったりすることで、静かにゆったりと絵本を読む場だということが子どもたちにも伝わると思います。

さらに、刺激に対して敏感な子どもがいる場合は、目や耳から入る多様な刺激から守られるような場があるとよいと思います。市川（二〇一七）は、「クールダウンコーナー」を設けることを提案しています。「クールダウンコーナー」として、例えば、段ボールの家に入ることで、子どもは情報を少し遮断して落ち着くことができると指摘しています。

集団生活の場では、複数の大人と子どもがいてそれぞれが動いている

状況ですから、刺激が多くなることはやむを得ないことです。しかし、長時間過ごす中で常にたくさんの刺激にさらされていると安心して過ごすことができません。子どもの感じ方は多様で、刺激への耐性も異なります。一人ひとりの子どもが園の中に落ち着いて心地よく過ごせる居場所が準備されていることで、遊びに向かうエネルギーを回復することができるのではないかと思います。

③安心を支える遊びの環境

これまで、安心できることが遊びの充実の基盤となることについて述べてきました。子どもはアタッチメントの対象を安全の基地として、他者や世界と関係をとり結び、遊びを広げていきます。しかし、様々な理由で、安心できる関係性を他者とつくることが苦手な場合もあります。保育者が寄り添って、その子が安心できるような関わりをしようとしても、なかなか心を開いてくれない子どもがいるという悩みを伺うこともあります。

子どもが何に興味を持っているのかを細やかに見取り、その興味を広げたり、深めたりしていけるような遊びの環境を整えることが、その子の居場所づくりとなることがあります。遊びの中で「面白い」「楽しい」という感情を経験することで、園にいることが楽しくなったり、安心を感じたりすることができれば、その気持ちを友達や保育者へと広げていくことができるかもしれません。私たちは、遊びの充実に向けて、安心の関係を築くことから考えてしまいがちです。そして、実際に安心の関係を基盤として遊びが発展していく場合が多いだろうと思います。しかし、安心の関係を築くのが難しいことで、その子との関わりが行き詰まってしまうこともあります。子どもが遊びそのものから安心・安定を得て他者との関係を広げていくという視点も重要だと考えます。

〈参考文献〉
・秋田喜代美著『保育の心もち2.0～新たな窓をひらく～』ひかりのくに、二〇二一年
・Bringen. Z. 2009 The Universal Language of Love Assessing relationships through the science of emotional availability (EA)
・遠藤利彦著『赤ちゃんの発達とアタッチメント　乳児保育で大切にしたいこと』ひとなる書房、二〇一七年
・市川奈緒子著『気になる子の本当の発達支援』風鳴舎、二〇一七年、六一頁

3 レジリエンス

東京大学大学院教育学研究科附属発達保育実践政策学センター　**野澤祥子**

生きていく上では、誰しも、程度の差はあれ、困難を経験するでしょう。そこからしなやかに逞しく立ち直っていけることはとても大切だと思います。「レジリエンス」は、困難な状況に直面した場合に、そのショックから回復し、適応していく力のことを指します(平野、二〇二二)。日本語では「回復力」「弾力性」「しなやかさ」などと訳されることがありますが、定訳はないようです。強い風が吹いてもしなり、簡単に折れることなく元の姿に戻る「竹」に例えられることもあります。

レジリエンスは、もともとは、虐待や貧困など、逆境で育ったとしても高い能力を示す子どもがいるということが注目されて発展してきた考え方ですが、近年では、より日常的な文脈でのレジリエンスについても注目されるようになってきています(高辻、二〇〇二)。日常的なストレス状況において上手に対処して適応する力のことを「エゴ・レジリエンス」と呼ぶ場合もあります(小野寺、二〇二二)。

ここでは、園の遊びという日常的文脈の中でのストレスや困難な状況で子どもが示す回復力や適応力としてのレジリエンスについて考えたいと思います。

1 遊び場面における困難な状況とレジリエンス

子どもは、園での遊びのどのような場面でストレスを経験するでしょうか。

例えば、幼児であれば「友達とけんかする」「友達との競争で負ける」など、友達とのいざこざや、勝ち負けのある遊びでの経験が、代表的な日常的ストレス状況として考えられます（高辻、二〇〇二）。レジリエンスとは、こうした状況で嫌な気持ちになったり落ち込んだりしないということを意味するのではなく、いったん落ち込んだとしても、回復することができる力、柔軟に対応できる力のことを意味しています。つまり、V字であらわされる力として捉えることができます（平野、二〇二二）。

友達とけんかをしたり友達との競争で負けたりし

たときに、子どもは悔しい気持ちや悲しい気持ちを経験します。涙がどんどんあふれてきて止まらなくなったり、その友達とはしばらく顔を合わせたくないという気持ちになったり、もう園には行きたくないという気持ちになるようなこともあるかもしれません。しかし、時間が経つにつれ、少しずつ気持ちが回復してきて、保育者が気づいたときには、けんかした友達と一緒に遊び始めているというようなこともよくあるでしょう。そうした場面で見せる回復力や対応力がレジリエンスだと言えると思います。

落ち込んだときにどのように対処するかには個性があります。ある子どもは、一人になって心を落ち着けるかもしれませんし、別の遊びをして気分転換をする子どももいるかもしれません。また、ある子どもは、保育者や他の友達に助けを求めるかもしれません。レジリエンスは、自分の強みを生かして前に進むということだと捉えられます。その子らしい回復の仕方を尊重し、落ち込んだけれども気持ちを持ち直すことができたという成功体験を積み重ねられるように支えるということが大切だと考えられます。

2 レジリエンスを育むには

レジリエンスを育むためにはどのようなことが重要なのでしょうか。

これまでの研究で、母親とのアタッチメントが安定している子どもほど、高いレジリエンスを発揮するということが明らかになっています(小野寺、二〇二一)。また、保育者や教師との安定した関係性もレジリエンスを育むために重要だという知見も得られています(Darling Rasmussen, 2019)。

前節(STEP3-2)で述べたように、アタッチメントが安定しているということは、「いざというときには誰かにくっついて安心を回復できる」という確信を持てるということを意味しています。そのことが、他者への信頼を育むとともに、自分への信頼を育みます。他者を信頼するとともに、自分への自信を持つことができるため、ストレス状況においても柔軟に対応することができると考えられます。また、アタッチメントは、怖い気持ちや不安な気持ちになったときに逃げ込める「安全な避難所」としての役割を果たします。そこで、子どもは怖い気持ちや不安な気持ちを慰めてもらって、安心を回復することができますが、そのことによって、自分の気持ちをコントロールすることを学びます。アタッチメントの関係の中で、心の安定を回復してもらうことによって、自ら心の安定を回復することができるようになるのです。こうしたことから、安定したアタッチメントは、ストレス状況での回復力や適応力としてのレジリエンスを育むことにもつながると考えられます。

また、別の研究では、冒険的な遊び（risky play）の重要性も指摘されています。冒険的な遊びとは、高いところに上ったり、包丁やハンマーなどの道具を使ったり、ふざけ合ったり、隠れたりする遊び（かくれんぼなど）のことです。欧米では、二〇世紀半ばから、こうした遊びはけがの危険性があるとして管理し、なくすという方向にシフトしました。その結果として、身体的な遊びが減少したり、子どもの肥満が増加したり、危険を察知する能力が低下したりするなどの負の影響が懸念されるようになってきました。そして近年、改めて冒険的な遊びの重要性が見直されているようです（Obee, et al., 2020）。冒険的な遊びの中で、危険を察知したり、自分の行動や感情をコントロー

ルしたりする能力、難しい状況でも自分で対応できるという自信を身につけていくということも、レジリエンスにつながると考えられます。

もちろん子どもの安全は重要ですが、けがの危険や子ども同士のトラブルをすべて回避することは不可能ですし、管理が行き過ぎると、いざというときに対処する力を育む機会を逸してしまいます。どこまでを子どもたちに委ね、見守り、どこから介入するかは、その時々の状況によっても違うため、非常に難しい判断が求められます。ぜひ園で話し合ってみてください。

〈参考文献〉

・Darling Rasmussen, Pernille, et al. 2019 Attachment as a core feature of resilience: A systematic review and meta-analysis. Psychological reports 122.4, 1259-1296.
・平野真理「レジリエンス」小塩真司編著『非認知能力：概念・測定と教育の可能性』北大路書房、二〇二一年
・Obee, P., Sandseter, E. B. H., & Harper, N. J. 2020 Children's use of environmental features affording risky play in early childhood education and care. Early Child Development and Care. 1-19.
・小野寺敦子「エゴ・レジリエンス」小塩真司編著『非認知能力：概念・測定と教育の可能性』北大路書房、二〇二一年
・高辻千恵「幼児の園生活におけるレジリエンス」『教育心理学研究』50(4)、二〇〇二年、四二七―四三五頁

4 遊びづくりのための指導計画

白梅学園大学　宮田まり子

いろいろな園を見学させていただく中で、時々いただく指導計画に関するご質問があります。それは、「遊びが、子どもが環境と出会うことで始まるのであれば、指導計画を立てる必要はないということでよろしいでしょうか」というものです。

私は、確かに遊びは、保育者による環境設定と子どもたちの出会いから展開されるものであり、時に即興的につくられていくものでありますが、指導計画を立てることはやはり大切なことであると思っています。指導計画の作成では「予測」「想定」「共有」が生じるからです。この三つのことは、保育の中での遊びづくりを支えています。

以下、その三つについて述べます。

1 作成するためには「予測」が必要になる——保育の記録を用意します

指導計画は、この日の活動は、あるいはこの時期の活動は何を提案していこうか、環境をどのように設定していこうかと先を見通したものです。まだわからない先のことを考えて作成していきます。よって予測が必要となります。予測とは、「きっとこうなるのではないか」と思うことですが、ただし「予測」は「予想」などとは異なり、根拠を要するものです。ここでの根拠とは、前日までの子どもたちの姿や園の環境等になります。つまり、指導計画を作成するにあたっては、そのような情報が必要になります。その情報の多くは保育の記録の中にあります。

よって指導計画の作成にあたっては、まず手元に記録を置く必要があります。子どもたちの記録の他、昨年度の環境を写した写真等もよいかもしれません。それらを丁寧に見返し、そこで得られる情報を基に予測し、指導計画を作成していきます。

2 作成の過程で様々な「想定」が発生する——保育者も探究していきましょう

指導計画作成の過程において、遊びを計画し、子どもたちとの間での展開を考えると使用される物や場が想定されていきます。物や場が想定できれば、あらかじめ試すこともできます。ねらいに対する方法と内容について、これがよいのではないかと検討してみた物と場を試すことで、さらによりよい設定へと改善を図ることができます。また、その試してみる過程の中で、改めてその遊びの面白さや難しさを知ることもできます。

なお、こうした試しは必ずしも保育時間以外に行われなければならないことはなく、時には保育中に子どもたちと試してみたり、子どもたちが遊ぶ傍らで試してみたりするというのもよいと思います。保育者が思いや目的を持ち、いろいろ試す姿を見た子どもは、保育者が想定し得なかった遊びを展開し始めるかもしれません。また保育者が日々探究することにより、その姿を見て探究することへの憧れを抱くなど、クラスや園全体の探究が深まっていくことも期待できます。

3 作成したことで多くの方との「共有」が可能になる——より多様な展開が期待できます

指導計画は、作成後に多くの方の目に触れられることが望ましいと思います。計画が作成されることにより、多くの方との共有も可能となります。話すことで伝えられるという場合もありますが、指導計画作成による文字化により、時間や場所を超えてもつながることができる可能性は高まります。そして気づいたことを伝え合い、指導計画や実際の保育に活かされると、より遊びの多様性は高まります。

指導計画の共有に向けては、様々な方法が考えられると思います。誰と何を共有するのか、共有の目的によってもフォーマットは異なります。例えば、同僚との共有と保護者や地域の方々との共有では異なります。

同僚との共有においては、計画だけでなくそれぞれが捉えている子どもの姿の共有も期待できます。よって子どもの姿が記述された指導計画であると、いろいろな情報が行き交い、より深い予測の計画になる可能性は高まります。

保護者や地域の方々との共有では、特に使用を予定している物や場、時期や時間に関する情報があるとよいのかもしれません。保護者や地域の方々との共有は、保育者が大切にしていること、活動に対するねらいを知っていただくことが大きな目的の

一つではありますが、子どもに伝えたい文化と子どもと新たに築く世界を共に楽しんでいただくためにも重要です。活動がより豊かになるような情報や物の提供がもたらされることも期待できます。

このように、指導計画の作成により、遊びがより多様に展開される可能性は高まります。加えて、指導計画の作成には以下のポイントがあり、これらを意識して取り組む必要があります。

① 園の理念、保育方針を確認し、教育課程や全体的な計画、短期指導計画の作成の場合は長期指導計画などを用意し、それらを参照しながら作成する。
② 一人ひとりの子どもに対する願いを思い描きながら、ねらいを書き、内容を書く。内容を書いた後、再びねらいを見て、内容とねらいが合っているかを確認する。
③ 指導計画を作成し、実践した後は、必ずそのときの記録と合わせて振り返り、評価を行う。

その他、「市販の指導計画やどなたかが作成した指導計画を用いてもよいか」というご質問をいただくこともあります。

私は、それらを参考にされてもよいのではないかと思っています。市販の計画など他者が作成した指導計画は、前提としている保育環境が必ずしも一致するとは限りませんが、しかし、ねらいや活動の内容、子どもの姿、環境構成、保育者の配慮等々、指導計画に記す必要があることに対し、何に視点を置き、そしてどのような表現が用いられているのかという点で参考にすることができます。ただし、それをそのまま用いるということは不可能です。なぜなら先述したように、目の前の子どもの、それまでの姿や各園の園環境から予測して作成するのが指導計画であるからです。たとえ環境は同じであるという園であっても、子どもの姿が異なるならば新たに作成されなければ意味はありません。とはいえ、保育者として最初から思い描いた子どもへの願いや活動内容を適当な言葉で表現することも難しいと思いますので、様々な方から視点や表記の仕方等を学び、それらを参考にしながら作成して実践し、その日の実践記録と合わせて評価をし続けることで、少しずつ、私の園の、私らしい指導計画になっていくのではないでしょうか。

5 遊びをつくる保育者チームをつくる

白梅学園大学　宮田まり子

この節では、遊びをつくる保育者チームに必要なことを考えてみたいと思います。日々の保育に関する園内の話し合いでは、それぞれに異なるアイディアが出ることがあるかと思います。受け持ちのクラスが異なっていたり、保育経験が異なっていたり、元々の保育観もそれぞれ異なると思いますので、様々なことが要因となって物事の捉え方や対処の仕方、考え方などに違いが生じます。その際大事なことは、どの考えも一旦は採用され、チームで受け止められることです。つまり、違いがあるのは当然のことなので、違いからどちらが正しいかを検討していくのではなく、違いに気づき、その上でこれまでの意見にはない新しい考えを見つけていくことが必要です。

遊びをつくるにあたり、正解を見つけていくということがあまりよい方法ではないのはなぜかというと、先に述べたように遊びには決まった型があるのではなく、常に遊び手の状態によるからです。ただし遊び手の状態は、遊びを見る人によって生み出されるとも言えます。例えば、遊び手が遊んでいるときに遊びを意識することがない場合もあります。特に乳幼児は、遊んでいる状態と遊んでいない状態の区別なく過ごすことも多いのではないでしょうか。あの子は今遊んでいると捉えるか、あるいは今は遊んでいるとはいえず、何もしていない状態であると捉えるかは、ひとえにそれを見る保育者によるという可能性は高いのです。

このように、遊びとは、子どもの状態や保育者の見方しだいで遊びになったりならなかったりするものなので、何が正解かを求めていくよりも、お互いの考えを伝えたり、異なる意見を基に自身の考えを整理したり再検討したりするなどして、保育者自身が視点を広げたり考察を深めたりすることが重要になるのです。

そこで、保育者の皆さんに、次の三つのことをご提案したいと思います。

1 メモを活かす

遊びは型では捉えきれない、名前も付けられないような状態にも遊びの側面がある、という特徴から、とても面白かったのだけどそれを言葉にするのは難しいという状況は多々あります。とはいえ、そのような状況を何とか言葉にして書き出しておくと、その出来事に対して少し距離をおいて捉え直すこともでき、さらに新たに発見することもあるかと思います。何より言葉は、他者との共有に優れたツールであることは確かです。それでも、言葉が見つからないがために、記録されることなく、誰とも共有化がなされないのは、遊びを豊かにしていくにあたっての大きな損失となります。園によっては日常の記録、園内外の研修のための記録、個々の幼児に関連した

座りこんで、長いこと
じーっとアリを見つめていた
Aちゃん。……

様々な書き物があり、日々の保育実践と合わせると仕事は多くなり大変だと感じられている方も少なくはないのではないでしょうか。

そこで、誰かに見てもらうための記録や残す必要のある記録の他に、さっと書き留めただけのものなどを見合うような場をつくるのはいかがでしょうか。面白かった場面の写真と走り書きの一言のみでもよいと思います。ただしこれは、掲示されただけでは完結しません。それぞれが捉えた子どもの姿や声を聞き合うための資料です。子どもたちの会話で印象に残ったものそのままを、カギカッコの形で書き出しておくのもよいと思います。そうして、次の「聞き合う時間」を意識してみてください。

2 聞き合う時間をつくる

作成した資料に対して質問を受けることは、時にネガティブな評価として受け止められます。質問が生じるのは、書き出された情報に不足があるとも言えるからです。情報に不足があると、それが誤解を生む要因になる可能性があります。よって記録は不足なく、いつ誰が読んでも誤解なく伝わるように記述されている必要があります。

ただし、遊びの記録となるとそれは非常に難しいように思います。理由は先ほども述べたように、遊びは遊び手の状態により、またその状態を読み取るのは見ている側の捉え方次第であるという性質を持っていると考えるからです。この考えにおいては、記述される必要のある情報を特定することは簡単ではなく、ひとまずはその場面を見た者の感じたことが記されていくということになります。読み手も、記されたものを読み手側の経験や知識において理解していくことになります。よって、記録者が十分に注意を払って記述したとしても、書き手と読み手にはどこかずれがあるということは起こるのではないかと思います。

そこで、記録が作成された後は、それを見合ったり聞き合ったりする時間があることが望ましく、そうした時間がつくられるようであって欲しいと思います。

記録も書き、それを読み合い、その上で話し合うと考えるととても大変なことで、そのような時間もないと思われるかもしれません。そこで、ここでの聞き合いには前項で述べたメモを活用いただくということが一つの提案になります。

例えば、これを読んでくださっている方が保育者で保育経験が浅く、先輩保育者からお話を伺うことが多いならば、園で共有されている記録に加え、保育中に見つけた子どもの遊びの中での出来事に関するメモや、保育中にいいなと思ってパッと撮影した写真などを周囲の方に見ていただいて、それを基に語る機会をつくってみるというのはいかがでしょうか。この語りは、遊びを内容としていますので、必ずしも閉じられた会議室などに限ることはなく、保育後のスタッフルームや保育室近くの廊下やテラスなどでもよいと思います。また、話し合う内容は、子どもとの遊びを振り返ったことなので、保育室内で、子どもたちも加わるようなことがあってもよいと思います。同僚からの「ここはどこ?」「どうしてこうなったの?」「この前はどんな状況?」などの質問に応えることで、感覚として捉えていたことも言語化されていくので、意味や価値はより明確になります。

また、これを読んでいただいている方が保育者で園の中堅以上であるならば、聞き合う資料が閲覧できるようなスペースづくりや時間の設定などの工夫をしてみてください。その際、聞き合う資料であるということ、情報への偏りや不足は自然なことであり、その偏りを話し合いに活かしたいということとの共通理解を図り、園の皆さんが気楽に表現し、伝え合えるように進めてみてください。

3 試すことができる具体的な案を出し合う

聞き合い、話し合う機会があり、言葉にして説明したり、ただ話を聞くだけであっても自身の経験と重ねたり、新たな発見をしたりして、答えのない対話をしていくことは、豊かな遊びを育んでいく上でとても大切なことだと思います。ただし、もし本書を読んでいただいている方が実践者であるならば、語り合いの最後には、試すことができる具体的なアイディアが出されることは望ましいでしょう。話し合いの達成感として、次に実践すべきことが得られることはモチベーションにつながります。その際、「上手くいくかはわからないけどやってみよう」という、失敗も含めた試行錯誤の過程であることの共有も重要です。絶対に効果が出るアイディアしか発言できないとなると、遊びづくりには正解があるということになっていってしまうからです。「この環境を少し変えてみたらより面白いかも」とか「とても楽しそうだから明日はこの遊びの時間を延ばすといいのかも」等々、具体的なアイディアを基にした実践と振り返りは、保育者が遊びを見取る視点をより豊かにすることにもつながります。

＊　＊　＊

本書では、発達を支える遊びを見つめ直すため、子どもが遊びをつくり出していく過程を様々な視点から紐解き、保育者が大切にしたいことを考えてきました。子どもたちが、私たち大人が、それぞれに、また周りの人や物と出会い関わり合いながら、紡ぎ出していく結末のない固有の物語、遊び。本書が、そんな遊びづくりや明日からの保育のヒントになれば幸いです。

執筆者一覧

●著　者

宮田まり子（白梅学園大学子ども学部発達臨床学科准教授）
STEP1-1・2、STEP2-1・2、STEP3-1・4・5
野 澤 祥 子（東京大学大学院教育学研究科附属発達保育実践政策学センター准教授）
STEP2-3、STEP3-2・3

〈掲載順／職名は執筆時現在〉

●事例提供

射水おおぞら保育園（富山県）
認定こども園あかみ幼稚園（栃木県）
伊藤史子（デザイナー・アトリエリスタ）　＊Column

●本文イラスト

わたなべ ふみ

●著者プロフィール

宮田まり子（みやた・まりこ）

白梅学園大学子ども学部発達臨床学科准教授

2017年東京大学大学院教育学研究科博士課程修了。博士（教育学）。専門は保育学。共著『子どもの挑戦的意欲を育てる　保育環境・保育材のあり方』（日本教材文化研究財団、2016年）、単著『園における３歳児積み木場面の検討』（風間書房、2019年）、共著『園庭を豊かな育ちの場に　質向上のためのヒントと事例』（ひかりのくに、2019年）、『幼児期の深い学びの検討　探究過程の分析』（日本教材文化研究財団、2020年）ほか。

野澤祥子（のざわ・さちこ）

東京大学大学院教育学研究科附属発達保育実践政策学センター（Cedep）准教授

東京家政学院大学准教授を経て2016年より現職。内閣府「子ども・子育て会議」委員、厚生労働省「保育所等における保育の質の確保・向上に関する検討会」委員等を歴任。専攻は発達心理学・保育学。Cedepでは乳幼児の発達、保育の実践と政策に関わる研究を行っている。著書『園づくりのことば：保育をつなぐミドルリーダーの秘訣』（分担執筆、丸善出版、2019年）ほか。

イラストBOOK たのしい保育

発達を支える「遊び」づくり

令和３年12月20日　第１刷発行

著　者　宮田まり子　野澤祥子

発　行　株式会社ぎょうせい

〒136-8575　東京都江東区新木場1-18-11
URL：https://gyosei.jp

フリーコール　0120-953-431
ぎょうせい　お問い合わせ　検索　https://gyosei.jp/inquiry/

〈検印省略〉

印刷　ぎょうせいデジタル株式会社
©2021　Printed in Japan
※乱丁・落丁本はお取り替えいたします。
ISBN978-4-324-10994-6
(3100552-01-005)
〔略号：たのしい保育（遊び）〕